儒教入門

Tsuchida Kenjiro
土田健次郎

東京大学出版会

本書は早稲田大学孔子学院の助成を得て出版された。

Confucianism
Kenjiro TSUCHIDA
University of Tokyo Press, 2011
ISBN978-4-13-013150-6

はじめに

1　儒教は過去の遺物か

日本では儒教というと、過去の遺物と思われることが多い。それに対して仏教や神道は、現在でも命脈を保っている。日常の中でそのことがごく自然に感じ取れるのは、町や村に寺や神社があり、そこには僧侶や神主がいるからである。また多くの日本人が結婚式や葬式の時、特に熱心な信者でなくてもこれらの施設を利用し僧侶や神主に儀式を依頼している。それに対して儒教の施設というものはまずお目にかからない。儒教の場合は寺に相当するのは儒教の開祖の孔子を祭る孔子廟であるが、東京ではお茶の水にそれがあり（湯島の聖堂）、他県でも少数残ってはいるのだが（佐賀県の多久の聖堂など）、多くの人々はその存在を知らないであろうし、知っていても生きた思想とか宗教とかの場というよりも、文化施設とか観光地としてであろう。また儒教の教えを説くのは儒者であるが、自分の周囲で儒者を知っているという人はまれであろう。

このように施設、教団、聖職者という遂行母胎が身近に見あたらない儒教は、過去のものと思われがちなのである。

ただ過去においても、儒教の場合は、仏教の寺や神道の神社ほど孔子廟があったわけではなかった。日本で儒教が生きていた時代としては、何と言っても江戸時代であるが、その時ですらそうであった。今も残るお茶の水の孔子廟は幕府のものであり、地方の各藩の藩校には孔子を祭る場所が設けられてはいたが、一般人が参拝するところではなかった。ちなみにこのことは儒教発祥の地の中国でも同じであって、中国近代を代表する作家の魯迅は日本語で書いた文章の中で、「成程《なるほど》一県毎《ごと》に聖廟即ち文廟（孔子廟のこと＝筆者注）たるものある事はあるがそれは実に寂寞な零落な有様で一般人の庶民は決して敬礼しには行かない」と言っている（「現代支那における孔子像」、一九三四）。また江戸時代には儒教式の結婚式や葬式（「儒葬」と言う）も一部の為政者や儒者が試みたが、一般化するほどには行われてはいなかった。しかし当時は儒教を説く儒者は多数いたのであって、その儒者たちは幕府や藩の学校で儒教の講義をしたり、町中では塾を開いたりしていた。

つまり儒教は、仏教、神道などとは基本的に異なったあり方をしてきたのであって、その存在感が伝わるには、儒者の存在と、その教説が一般教育に取り入れられ基礎教養として定着していることが重要なのである。現代日本ではこの儒者がほとんどいなくなり、また一般教育の場に関しては、江戸時代においては公立のものとしては幕府や藩の学校、私立としては市井の塾があったのが、今はそれも無くなっている。初等、中等教育では正規の教育カリキュラムには儒教の講義は無く、わずか漢文の授業で『論語』や『孟子』の一部が顔を見せる程度である。さらに現在でも自称儒者はいないわけではないが、そのような人々でも、市中に儒者を看板に塾を開いているケースはほとんど無い。これでは普通の日本人は儒教を儒教として体感しようがないのである。もっとも一方では、儒教関係の本がかなり読まれている。たとえば評論家の山本七平氏は儒者ではなくキリスト教者であるが、儒教への共感を持ち、その著作『論語の読み方――いま活かすべきこの人間知の宝庫』(祥伝社、一九八六)はベストセラーになった。日本近代の実業界の巨人・渋沢栄一(一八四〇〜一九三一)の『論語講義』や『論語と算盤』はいまだに版を重ね、法学者の穂積重遠(一八八三〜一九五一)の『論語講義』、青少年向きの下村湖人(一八八四〜一九五五)の『論語物語』などがそれぞれ読者を獲得してきた。現在でも成功者たちがいかに『論語』を味読しているかを語るという類の本は手を変え品を変えて出版されている。

また政財界に信奉者が多かった安岡正篤氏(一八九八〜一九八三)は、儒者、特に陽明学者と言われていて、その著作が学界で取り上げられることはないが、今でもかなりの一般読者や信奉者を獲得している。これらのことは、現代日本でも儒教を受容する地盤が存続している証左であるとも言える。

もともと儒教とは、特定の宗教施設を設け、そこに非日常的な衣裳を着た聖職者がおり、人々が御利益を求めて参詣するということで成りたっているようなものではない。一般の宗教が聖と俗をわけ、聖なる空間を保持していくのと異なり、一般社会の中で一般社会に対して教えを説くもの、いわば俗中で俗に対する教えを説くものなのである。それゆえ孔子廟がなくとも世間で受容され、しかも単に過去の思想的遺産として観賞の対象になっているばかりではなく、人の具体的な生き方に示唆や指針をあたえるものとして機能もしているのである。ただその機能の程度は昔日に比すべくもないのであるが。

儒教は長い歴史がある。儒教の創始者である孔子は紀元前五五二年あるいは五五一年から紀元前四七九年まで生きた。それから二五〇〇年あまり、儒教は生き続けた。特に漢の時代に国教化されてから、その権威は強固となり、その状況は多少のゆれはありながらも清朝末期まで延々と続いた（なお国教化の時期については董仲舒《とうちゅうじょ》の献策を前漢の武帝が受け入れた時と言われてきたが、近年は後漢になってからとする説が出ている）。

また代々の王朝の庇護を受けた孔子の子孫の家を、「衍聖公家《えんせいこうか》」と言う。この名称自体は北宋の仁宗の時からのものであるが、国家の保護を受けるようになった発端は前漢の元帝に遡り、平帝の末から王莽《おうもう》の時期にかけて強化された。以後、綿々と続き、近現代の動乱の中で、七十七代の孔徳成（一九二〇～二〇〇八）は台湾にわたり台湾大学教授を務め、その姉の孔徳懋《こうとくぼう》は山東省曲阜《きょくふ》の地にとどまり、自己の伝記と孔子一族の家庭を描いた著書がある（『孔府内宅軼事《こうふないたくいつじ》』）。幾多の王朝が興亡した中国では、このことはまさに驚異的と言え、孔子の家は漢代から現在まで継続した文字通り万世一系なのである。現在でも孔子の故郷の山東省曲阜には、孔廟（孔子を祭る廟）、孔府（孔子一族の邸宅）、孔林（孔子一族の墓地）があり、多くの観光客を集めている。

この儒教はまた中国から、朝鮮、日本、琉球、ヴェトナムと広がった。儒教はなぜかくも長い時間と、広い空間を獲得できたのか。それは歴代の政権がその権力を維持する装置として利用し続けたということだけですまされるものではなく、儒教が人間の心や社会の発する波長を捉えていたがゆえであろう。かかる儒教が簡単に消滅するはずはないのである。

実は一言で儒教と言っても、儒教の名で語られた思想は多様であって、その多様な儒教の中には現代に生命力を保持しうるものも存在するはずである。キリスト教も、原始キリスト教もあれば、トマス・アクィナスのスコラ哲学もあり、現代の危機神学もある。仏教も、阿含経《あごんきょう》の類から、唯識教学、華厳教学、禅宗、親鸞の浄土真宗など、実に多種多様である。儒教とても、孔子の教え、朱子学、陽明学、黄宗羲《こうそうぎ》（一六一〇～一六九五）ら明末清初の儒学、清朝考証学、伊藤仁斎（一六二七～一七〇五）や荻生徂徠《おぎゅうそらい》（一六六六～一七二八）ら江戸時代の古学など、一律で割り切れぬ豊饒な世界を持っているのであって、これらの中に現代が直面している問題を受け止める思想はありうる。旺盛な儒教研究を展開し学界で影響力を持った島田虔次氏は、儒教が現在の眼から見ても吟味に堪えうる作品を生み出したとし、それらを集め『儒教読本』を編集する意欲をもっていたようである。また我々が自覚しない形で儒教からの影響を受け続けている可能性もある。これから本書で儒教について見ていく中で、これらのことが認識できるかどうか、読者に問うてみたい。

2 儒教の現状の地域差

同じ儒教でも、中国、韓国では日本とそれぞれ異なった状況にある。

儒教の発祥地の中国では、一九四九年の中華人民共和国成立以後儒教は否定され、その頂点が文化大革命（一九六六〜一九七六）であった。その時には儒教批判の嵐が巻き起こった。文化大革命後期の「批林批孔」のキャンペーンは、林彪《りんぴょう》と孔子をならべたうえでの攻撃であり、林彪という現代人と孔子という古代人がならべられているところに、逆説的ながら中国における儒教のある種の生命力も見ることができる。もっともこの場合の孔子とは暗々裏に周恩来を指すと言われているが、それは周恩来の思想や政治姿勢を反動的として攻撃するとともに、その禁欲的自制的姿勢が儒教的という印象をあたえたからである。

文化大革命が終わり、開放政策、経済発展が進展するにつれ、儒教に対する再評価の気運が高まってきた。一つには政府がその気運を促進したことがある。経済活動の活発化は、経済倫理の必要を引き起こし、自由化の潮流からは社会秩序の遵守が求められ、そこに儒教が有効であると認められたのである。貧富の格差、犯罪の増加などに対して現在政府が唱えている「和諧社会《わかいしゃかい》（調和社会）」のキャンペーンにも、儒教の遺産の中からの理論付けが見える時がある。そこで中国政府は、種々の形で儒教振興の援助を行い、それを受けて儒教文献の一大叢書である『儒蔵』が編集され、また幼少年に対する儒教の経書教育が試みられるなど、以前では考えられない状況が出来している（河田悌一『定点観測——中国哲学思想界の動向』、関西大学出版部、二〇一一年では、中国政府のその都度その都度の儒教関係政策が、年代を追って記録されている）。

また政府のみならず、一般人の中からも儒教再受容の動きが出てきた。中央テレビで放映された北京師範大学の女性教授于《う》丹《たん》氏の『論語心得』は書籍としてもDVDとしても出版され、中国のみならず海外の華人社会でもたいへんなベストセラーになった（中華書局、二〇〇七、日本語訳は孔健訳『論語力』、講談社、二〇〇八）。これは『論語』の叡智を現代人の諸課題に活かすというものであるが、このような内容のものを一般人が受容するのであって、儒教は政府にも民間にも大きな影響を持っているように見える。孔子の生涯がテレビドラマ化や映画化がされたことなども、以前の状況を思えば信じられないことである。

特に注意すべきなのは、知識人の間でも儒教受容者がいるということである。戦前、現代新儒家という存在が登場したが、その流れがまた表に出てきている。この現代新儒家とは、必ずしも儒教だけではなく、仏教なども含めた東洋の思想を、現代哲学として再生させようとする人々である。第一世代は馮《ふ》友蘭《ゆうらん》（一八九五～一九九〇）、熊十力《ゆうじゅうりき》（一八八五～一九六八）、梁漱溟《りょうそうめい》（一八九三～一九八八）ら、第二世代は台湾の牟宗三《ぼうそうさん》（一九〇九～一九九五）、香港の唐君毅《とうくんき》（一九〇九～一九七八）ら、第三世代はアメリカの杜《と》維《い》明《めい》氏（ハーバード大学名誉教授、北京大学高等人文研究院長）らと言われる。なお杜維明氏自身はこの名称をそのまま受けいれているわけではないが、儒教の現代的意義を熱心に説いていることから、かく見なされるのである。

このような存在は日本には見られない。よく中国の学者は九州大学教授を務められた岡田武彦氏の名をあげるが、岡田氏のこの方面の著作の読者は主に一般人であって、中国のように知識人や学界に影響をあたえているものとは異なる。現在における現代新儒家の活動とその受容は、中国における儒教の生命力の強さを改めて認識させられる事実である。

中国の極めて直接的な儒教再興は、直接的な儒教否定と表裏のものである。中国に限らないことであるが、近現代における儒教批判の中心は、自由と平等の思想と抵触することであった。そのうちの平等思想との軋轢という点においては、社会主義体制と儒教とは摩擦を持ったが、一方自由思想との矛盾という点では、毛沢東（一八九三～一九七六）の「自由主義に反対する（反対自由主義）」（一九三七）という論文があるように、個人の放任よりも秩序の遵守を重視するという点で重さなりあうところがある。ちなみに毛沢東の「自由主義」の意味は宮崎市定氏が指摘するように「放任主義」というのに近い（『政治論集』、朝日新聞社、一九七一）。

李沢厚氏が言うように、近現代中国においては諸外国からの圧力に対抗する「救亡」が自由などの価値を浸透させる「啓蒙」よりも優先されてきた（「啓蒙与救亡的双重変奏」、『走向未来』一九八六年創刊号、『中国現代思想史論』所収、新華書店、一九八七）。それはおのずから統制主義的な方向を取らざるをえなかった。社会主義体制はもともと他者との平等の要請から自己の欲望を押しとどめる禁欲を要求するが、あわせてその平等を保障するための官僚機構の硬直化も防止する必要がある。一方、近代以前の統制社会において儒教は社会の構成員としての自覚を教化したのみならず、統制社会の硬直を防ぐ作用も果たしていたのであって、その両様の性格が現代でも意味を持ちうるということになる。儒教は社会主義体制でも個々人が遵守すべき倫理規範の供給源となりうるという見方がここから出てくる。

文化大革命の時に劉少奇（一八九八～一九六九）の『共産党員の修養を論ず（論共産党員的修養）』が攻撃されたことがある。この文章は一九三九年に書かれたもので、戦後に日本でも訳され、中国共産党に親近感を持つ人々の読書会のテキストなどに使用されていた。その批判点は、同書の内容が唯心論思想であり反マルクス・レーニン主義であって、現実の階級闘争の視点が欠けていること、孔孟の道を説き、封建主義から資本主義までを受容しているということなどであった。筆者は文化大革命が終息してから数年後の一九八〇年に初めて中国に行ったが、その時に上海の書店のショーウインドウにこの本の広告が掲げられていたのを見て、改めて時代が変わりつつあることを実感したものである。

同書の内容は極めて禁欲的であって、人民から借りたものは必ず人民に返せというような道徳主義に彩られている。共産主義はこのような禁欲主義が無くては、専制的官僚社会に陥りがちなのであって、現在の中国でも改めて修養の必要が問われているのはそれなりの必然性がある。なお劉少奇のこの書の中には『論語』や『孟子』の引用が見え、もちろん孔子や孟子の思想全体を肯定しているわけではないが、その自己修養の強調には共感を示している。前近代の中国で、もし儒教が無かったら、力による専制支配のみの社会になったであろうし、共産主義・社会主義にあっても自律の精神が無くては同様の危険が生じる。広大な地域に散らばる膨大な人民を強大な中央政権が均一に統治する中国社会においては、現在でも儒教の存在意義は十分に議論するに足りうるのである。

また韓国でも儒教の生命力は強い。儒教の現代的意義を問題にすることは日本にはるかにまさる。儒教関係の学会の活動も盛んであり、そこでもこのテーマの国際会議を頻繁に行っている(中国や韓国に比して日本ではこのような類のものは極めて少ない)。さらにその根強い家族主義と儒教の家族重視は相変わらず親和性を維持し続けている。

なお現代の中国や台湾、韓国、さらに東南アジアの華人社会で、ビジネスの世界のバックボーンに儒教の精神を置くという考え方がある。それを体現した人物は「儒商」などと呼ばれる。儒教は元来利潤追求を第一義とする商業行為に否定的なのであるが、後述するように明の中期以後、儒教の中でも商業を肯定的に語る傾向が現れた。ただそれは以後下火になったが、それがまた近代以後の社会的需要の中で、新たな形で再生発展しているということであろう。

地域によって儒教の現状に差があることは、その地域の歴史と関係する。各地域で儒教は独自の展開をしてきたのであって、一方では現代という時代性を考えるとともに、もう一方では各地の儒教の持つ地域性を掘り起こしていかなければ、現代における儒教の問題を解くことはできないのである。これから本書では、儒教が歴史的に培ってきたものの内容を、地域との関わりを含めて順次見ていきたい。

儒教入門　目次

装丁　間村俊一

儒教入門

一　儒教とは何か

1　「儒教」と「儒学」

儒教に関するシンポジウムが開かれると、フロアの一般参加者からしばしば「儒教」と「儒学」という呼称の差について質問が出ることがある。しかし用例を帰納したうえで両者を区別する論者はまれで、それぞれが持っている「学」と「教」の語感をもとに憶測で議論するために不毛に終わることが多い。そもそも文献上では近代以前は「儒」一字を用いることが多く、それに「学」だの「教」だのをつけることも無かったわけではないが、どちらかと言えば近代以降の現象である。筆者はかかる呼称に過度にこだわることについては従来から疑問を持ってきた。たとえば孔子、孟子、荀子のいた時期に「儒教」という二字熟語は見えないが、だからといって当時「儒教」は無かったとでも言うのであろうか。なお、「儒教」の初出は『晋書』傅玄《ふげん》伝に引く西晋の王沈の手紙とされている（宇野精一『儒教思想』、講談社、一九八四）。

ただ「儒学」といった方が数ある思想の一つとしてのイメージがでて、それゆえ普遍的議論にのせやすく、「儒教」とすると今度は信奉の対象とか教化すべき教説としての意味が強くなるということは多くの人が語感として感ずるところであろう。近代中国において仏教を、信者が信ずる宗教という範囲を超えて普遍性を持った宗教哲学としての面を強調すべくあえて「仏学」とか「内学」とか称したのも、このような「学」と「教」の語感が反映している。また儒教については思想か宗教かという問いが多く発生し、それについては後述するが、このように両方の境界にまたがる性格を儒教が持つということも、両方の呼称を並存させている所以であろう。「仏学」という呼称が必ずしも一般に定着していかなかったのと対比してみるとこの間の消息が感じ取れよう。

なお儒教の呼称では、「儒教」や「儒学」以外では、近代以前では「儒」、「儒家」、「礼教」、「名教」、「儒道」、「儒術」、近代では「孔教（孔子教）」をはじめ各種ある。やや特殊な事例であるが、近代になって、外国における宗教による人心統一の機能を儒教にも持たせようとして「孔教」が唱えられた時、「そもそも中国の『教』の字には、もともと三つの意味が含まれる。それは宗教、教育、教化である。孔教のみがそれを兼ね、これこそ孔教が偉大である理由である。孔教はこの三者を具備してはいるが、究極的には宗教が本である」と言われたりしたこともあるが（陳煥章「孔教会序」、一九一二）、概して近現代の中国では「儒学」という呼称が用いられることが多い（中国の研究者がこれらの呼称についてどう考えるかの一例としては、陳来著・松野敏之訳「儒教研究の方法」（土田健次郎編著『二十一世紀に儒教を問う』、早稲田大学出版部、二〇一〇））。

2　「儒」の意味

それでは「儒」の方はどのような意味であろうか。

漢字研究でカリスマ化されている白川静氏は『字統』でこのように言う。「需」は、「雨」と「而」からなるが、「而」は「まげなし」の髪型の巫祝《ふしゅく》の形で雨乞いをする者である。つまり「儒」は、「需」であって、「需」は雨乞いをする下級の巫祝を表す。「儒」はその階層から起こったので、「儒」と言う。「儒」は富家の喪をあてにした葬儀屋であって、高い司祭階級からは荘子学派が出た（『字統』、平凡社、一九八四）。白川氏はこの見解をもとにユニークな『孔子伝』（中央公論社、一九七二）を執筆した。

また加藤常賢氏は後漢の許慎の『説文解字』をもとに、「儒」の字の「需」の部分を声符（音をあらわす）とし、「柔」の意味と見なす。そして「儒」は「柔弱なる小人の意」であり、かかる人々が「礼、楽、天文、卜筮の諸方術を支配していた」（『漢字の起源』、角川書店、一九七〇）とする。ちなみに後漢の字書の許慎（三〇～一二四）『説文解字』（一〇〇）では、「儒」は「柔である。術士の称である」とある。「術士」とは神秘的な術を執り行う者である。

孔子は、宗教的場所を思わせる尼丘という名前の丘に母が祈って生まれた子である。また大男で身体的特徴も常人とは異なっていた。さらに孔子は父の墓のありかを知らず、母が没した時にやっと探し当てて合葬した。これらの話は、孔子が何か宗教的雰囲気の場と関係があるように見える。少なくとも孔子自身が「私は幼少の時に賤しかった。それゆえ雑事がよくできるようになった」(『論語』子罕)と言い、それを受けて「孔子は貧しく、かつ賤しかった」(『史記』孔子世家)と言われているように、父とは別れて暮らす貧しい家の出であり、母子家庭であった可能性も十分にある。なお孔子の父の叔梁紇《しゅくりょうこつ》は魯の大夫であったという。

孔子が巫祝の階層から出たという考えは、さらに孔子が殷の末裔であるという話と通じ合う。この話は、例えば孔子が夢から醒めた後で、夢の中で殷の方式で葬られたと述べたとか(『礼記』檀弓 上)、孔子の祖先が殷の末裔の国の宋からの移住者であったとかいうように(『史記』孔子世家、『世本』など)、漢代の文献に見える。胡適は、儒は殷王朝の遺民であって、孔子になって思想集団になったと言う(胡適「説儒」、一九二四、『胡適文存』第四集第一巻所収)。

ちなみにこの宋が殷の末裔なのに対し、杞《き》は殷に滅ぼされた夏の末裔の国であって、これら両国は愚者譚の種にされることがあった。苗を早く成長させようとむりやり引っ張って枯らしてしまった「助長」、株に衝突死する兎をあてにして株を見張る「守株」、敵に不必要な配慮をし逆にやられてしまった「宋襄の仁」はともに宋の話、天が落ちてくるかもしれないといらぬ心配をする「杞憂」は杞の話である。異文化に接した時の違和感がその文化に対する笑い話の類に使用されるという一般的現象からすれば、彼らが周とは異なる文化をかなり保持していたということもありえる。また殷という王朝は濃厚な宗教性を持つ国家であることは、甲骨文や金文の内容や、その墓からは犠牲にされた大量の人骨が発見されていることからも知られる。王は天の帝の意志を伝える司祭でもあった。それに対して殷を滅ぼした周の王は司祭という性格は無く、その国家体制も宗教的というよりは文化的制度を軸にしたものであった。周に滅ぼされた殷の民は、周の統治のもとで、宗教者あるいは呪術者として生き延びていたというのはいかにもありえそうに思える。

ただ孔子が殷の末裔にされたのは、漢の朝廷が夏、殷、周の王家の子孫を保護して存続させる「存三統」の思想を採用したことと関係している（楠山春樹「衍聖公家の発端——褒成侯と殷紹嘉侯」、『斯文』一〇〇、一九九一、『道家思想と道教』所収、平河出版社、一九九二）。つまり漢の王朝は殷の王族の子孫として孔子の家を持ち出してきたのである。そのようにしえたのは孔子殷人話が既にあったからかもしれないが、それも確証があるわけではない。それにもともと孔子は殷よりも周の文物制度を尊重し、その基礎を築いた周公を最も尊崇していたのはあまりに有名な話である。また孔子は呪術的な要素には冷淡であって、孔子を巫祝の出とするのは可能性はありえるし話としてはおもしろいが、彼の思想にまでその要素を求めるのは危険である。

一方、狩野直喜は、先にも引いた『説文解字』の「柔である。術士の称である」や、『礼記』儒行の「鄭目録」に「儒という語の意味は、優であり、柔であり、人を安んじ、服させられる。また儒というものは、濡である。先王の道によって、その身を濡《うるお》せる」とあることなどから、「儒」は美称ではなく、一種嘲笑の意味であるとし、衣服態度と学説から儒の名が出た、つまりゆったりとした服装で、悠長な動作をし、文弱であったがゆえに、「儒」と呼ばれ、それがいつのまにか儒者たちの自称になっていったと見る(狩野直喜「儒の意義」(『芸文』第一一年第七号、一九二〇、『支那学文藪』所収、みすず書房、一九七三)。なお胡適も、儒は古衣冠をつけ、文弱・迂遠の雰囲気を持つと言っている(前掲「説儒」)(中国側でなされてきた「儒」についての学説については、斎木哲郎『秦漢儒教の研究』参照、汲古書院、二〇〇四)。

はたして「儒」が巫祝の類であったかは確言できないが、葬儀に対して多くの言及があることからして、このような儀礼に関わる人々であった可能性は高い。そもそも歴代の人々は儒の意味を確定せずに使用してきたのであって、それを支えてきたのは、儒と名乗る教説上の理由が明確になっていたからではなく、以前からそのように言ってきたという厳然たる事実である。

そもそも「儒」という語が『論語』に見えるのは、次の箇所のみである。「子(孔子)が子夏にむかって言った、なんじは君子の儒となれ、小人の儒となるな」(「雍也」)。ここでは「儒」という語がすでに一般に使用されていたことを前提にしているのであって、孔子以前から「儒」を名乗る人々が存在し、その中には、「小人の儒」と批判するような孔子にとっては肯定し難い者も含まれていたことをうかがわせる。おそらく当時、儀礼、祭祀、文化の類にたずさわる人々が「儒」と呼ばれ、その中には知識の切り売りあるいは呪術的な営為にとどまる面々がかなりを占めていたのであろう。そのような状況に対して、孔子は「儒」としてのつとめと自己の内面の徳とが直結することを求めたのである。つまり孔子は個々人の内面を省察することで「儒」の中身を洗い直し、さらに「儒」の範囲をこえて一般人にまでそれを要求したのである。なお孔子の時代、「儒」が徒党を組む職能集団であったか、特定の集団ではなくかかる種類の人間一般であったのかは断定できないが、少なくとも孔子の学団に関しては、孔子の弟子の出自の多様性や、「朋の遠方より来たる有り」と『論語』学而にあるように遠方からの同志を受けいれる構造からして、特定の地域に密着した職能集団であったとは考え難い。

『論語』には、自己の内的欲求が同時に社会性を持つかどうかを常に問う姿勢が見える。現代中国の学者がしばしば個人の内面とその修養を問題にした初めての人物として孔子の名をあげるのもそのゆえである（孔子以前にかかる問題意識を持つものがいたのかは不明であるが、少なくとも孔子は初期の一人ではあろう）。そして孔子の営為により、特定の人々を指していた「儒」は、人間の普遍的原理としての性格を獲得していった。

孔子が理想としていたのは周の制度と文化であった。それは孔子が当時衰微していた現実の周王朝の制度や文化ではなく、周公が製作したと伝えられる理想化された制度であり文化であった。その周公が封ぜられた国こそ孔子の故郷の魯であって、孔子は自国の文化を受容することで自国を超えた天下全体の文化を問題にしうる機縁を得たのである。

3　狭義の儒教と広義の儒教

(1)狭義の儒教

孔子は春秋時代の人間であって、この時代に思想家という存在があったかは、孔子以外は証明し難い。少正卯《しょうせいぼう》という者が言論をもって徒党を組み孔子に誅されたという話は、孔子の横暴振りを示すものとして文化大革命の時の孔子批判の種の一つであったが、実は後の『荀子』にならないと見えない（「宥坐」）。また『論語』に出てくる孔子の行動を批判した隠者たちの話も、孔子と直接対話せず弟子とやりとりをするという共通パターンからしても、後に作られた説話であるという可能性を否定できない（楠山春樹「『論語』に見える隠者」、『節令』八、一九八八、前掲『道家思想と道教』所収）。

それが戦国時代になって、儒家はいわゆる諸子百家の一つとして他の思想学派と並立することになる。たとえば孟子（前三七二?～前二八九）と対立した思想家は、告子をはじめ、墨翟《ぼくてき》や楊朱や神農らの徒など数多くいる。その中で孟子は儒家としての自己主張を行い、その過程で学派としての儒教の特性が浮かび上がってきた。その後の儒教が直面した大きな対立関係としては、仏教、道家・道教とのものが挙げられる。伝統的に儒教の特徴を言う時、この仏教、道家・道教と対比したうえでの特質をあげることが多い。

中国における外来思想の受容を問題にする場合、何と言っても漢代から中国に入った仏教を取り上げることになる。その次には近代における西欧近代思想の流入であろう。その他、明末からのキリスト教やイスラム教も問題になるが、中国思想の骨格に影響を及ぼしたという点で突出しているのは、やはり仏教と近代西欧思想であろう。

また儒教と仏教に、民間信仰や中国人の宗教感覚を仏教などの影響をもとに組織化していった道教（その起源については諸説あるが、近代以前は先秦の道家と「道」あるいは「老」として一括りされることが多い）が加わり、いわゆる「三教交渉」が展開するのであるが、儒教は仏教や道家・道教と自己を対比することによって、自己認識を深めていった。このように他の教説との対比から浮かび上がってくる儒教像を「狭義の儒教」と呼んでおきたい。

(2)道家対儒家

戦国時代の諸子百家の中で、儒家を批判した存在の代表として有名なのは、道家である。道家の儒家批判は、『老子』にも『荘子』にも見える。『老子』の場合は儒家を名指ししていないが、儒家に代表される世俗的道徳主義を明らかに批判している箇所が随所にある。『荘子』の方は、はっきりと儒家を名指しで攻撃を加え、司馬遷の『史記』では、「漁父、盗跖《とうせき》、胠篋《きょきょう》を作り、孔子の徒を譏《そし》った」（「老荘申韓列伝」）とある。事実『荘子』のこれらの篇には孔子一派を巧みな比喩を用いて貶めている。

道家の儒家批判の中心は、道徳によって人間の本来の自然なあり方を束縛することに対するものである。儒家側からすれば、道家の思想は「無」を説き、社会秩序を無意味化するものであったが、道家との対比で浮かび上がる儒家像の中心は、この道徳主義という面であった。なお道家の「無」の思想に対して儒家の「有」の思想という対置もなされ、これは仏教の「虚」の思想に対する儒教の「実」の思想という対抗関係と並行で議論の場にのぼることが多かった。

（3）墨家対儒家

『韓非子』に儒家と墨家を当時の著名学派として併称するように（「顕学」）、墨家は儒家の有力な対抗馬であった。その「顕学」では、葬式における儒家の奢侈と孝行の重視を、墨家の倹約と孝行軽視に対比させている。『墨子』が葬礼を手厚くすることを批判するのは有名であるが（「節喪 中」、「節葬 下」）、それは葬儀を充実させようとする儒家と正反対のものなのである。また『墨子』には文字通り「非儒（儒を譏る）下」という名の篇があり、そこでは儒家の言説の矛盾点などをあげつらっている。

一方儒家側の墨家攻撃としては、次のようなその兼愛説に対するものが代表的である。「天下の言論は、楊朱に帰さなければ墨家に帰す。楊氏の『為我』は君を否定するものである。墨氏の『兼愛』は父を否定するものである。父と君を否定するのは禽獣である」（『孟子』滕文公下）。墨家では、万人を平等に愛する「兼愛」という博愛主義を採るわけであるが、それに対して孟子は家族を中心に親疎の差別のある愛を説くのである。そしてその正反対に位置する攻撃対象は、楊朱の徹底した「為我（我の為《ため》にす）」という個人主義であった。ここから見える儒教の特質は、家族主義という面である。なお道家とは異なり、墨家は仁や義といった語は肯定的に使用するのであって、この方面では対立点は浮き出てこない。

（4）法家対儒家

法家の儒家批判は『韓非子』に見える。『韓非子』では、「臣は君につかえ、子は父につかえ、妻は夫につかえる」ことを「天下の常道」であるとする（「忠孝」）。それゆえこの点では儒家とは対立しない。ただ法家の場合は、この「つかえる」ということを絶対化し、いかなる場合でもその逆を許すことは無い。王が賢臣に位を譲る「禅譲」とか、りっぱな子（舜）が悪い父（瞽《こ》叟《そう》）を放逐したという話などを儒家が称揚するものとして否定する（後者については儒家自身はこのように言わない）。そして究極的には君主への服従に一元化するのである。それは、老いた父を養うためにたびたび敵前逃亡をした魯国の人を孔子が讃えたことを批判した際の、「そもそも父にとっての孝子は、君にとっての背臣（賊臣）である」という言い方にまでなる（『韓非子』五《ご》蠹《と》）。また法家は、法の無機性と絶対性を尊ぶのであって、儒教の尊重する道徳が法の絶対的権威を侵すことを警戒する。『韓非子』には、権臣の言を聞かずに法律の士の提言に耳を傾けることの重要性が再三言われているが、これは儒家の諫言とは異なる。法律の士の提言とは、徹底的に法に従ってぶれないということであって、君主がこの提言を受け入れてそれを実行するならば、後は臣下は一切口を出してはならないのである。それに対して儒教では、常に君主の行為をチェックし、必要であればその都度諫言をすることが求められる。

中国の文化大革命後期に、儒法闘争ということが言われた。儒家は封建道徳尊重の保守主義とされ、それに対して法家の思想を採用した秦の始皇帝を反封建の革命性を持つ者として評価したのである。当時は、毛沢東を賛美する「忠字舞」が紅衛兵によって踊られ、またたとえ親兄弟であっても反革命分子と見なされれば攻撃の対象となった。毛沢東への忠誠の一元化は、その意味では法家と類似の面を持っていたとは言えよう。

なお儒家に対する法家という図式は、基本的に徳治主義対法治主義という形に置き換えられる。ただ同時に、法の観念が近代と異なるため、「法治」という語の使用には注意を要する。徳の名目による恣意的な統治から脱するということでは共通しても、民の自主性を認めないという点では決定的に異なる。ただ近代西欧の法概念受け入れる際に、その下敷きとしての意味は無いわけではなかった。

このように法家は儒家以上に上下秩序の厳守を説くのであって、法家と対置した場合、儒家はむしろ国家に対する家族の優位性、個人の道徳的自立、君主と臣下の間の相互規制を説く思想なのである。

(5)仏教対儒教

仏教については、一部両者の一致論はあり、また棲み分けもあったものの、基本的には儒教とは対立し続けた。

儒教が仏教を批判する際の主要な論点は次の三つである。①仏教は社会的道徳や秩序をないがしろにする、②仏教は夷狄《いてき》の思想であって、それゆえ中国の文化や価値観に反する、③仏教はありもしない霊魂の不滅を説く（「輪廻転生」のこと）。このうち最も軸になったのは①であって、中国では仏教が思想的に問題になりはじめた当初から、延々と反復されてきた（土田健次郎「仏教と儒教」、中村元・峰島旭雄編『比較思想事典』、東京書籍、二〇〇〇）。その資料は枚挙にいとまがないが、特に有名なのは唐の韓愈（七六八～八二四）の「原道」という論文で、道を社会的文化的な道徳規範とし、それをないがしろにする仏教と道家・道教を批判し、この文章は後世繰り返し引用された。

仏教と対比したうえで浮かび上がる儒教の特質とは、道家の場合と同じような道徳主義という面、それに現世中心主義である。(2)でも触れたように、これは仏教の「虚」の思想に対する儒教の「実」の思想という対立でもあった。

(6) 道教対儒教

儒教、仏教、道教はしばしば三教として並べられたことは先に触れた。ただこのうち「道教」という語をどうとらえるかは意外に難問である。これら三者は、しばしば「儒」、「仏（釈）」、「道（老）」とそれぞれ一字で表記されるが、その場合の「道」の内容としては、先秦の道家と後の道教の両方が含まれることが多い。先秦の道家と後の道教の関係については、両者を連続的に捉える立場、道家が知識人の思想であるのに対し道教は教団組織を持つ宗教であるとして弁別する立場、道教を天師道に限定する立場など複数の見方があるが、その問題には立ち入らない。ここでは、「儒」との対抗の中では、『老子』や『荘子』などの「無」の思想、道教的神格の信仰、不死の思想などが儒教側からの批判の対象となったことを言っておきたい。そしてそのうち儒教側にとって重要なのは、(2)で述べた道徳主義(「有」の思想)と反道徳主義(「無」の思想)という対立軸であった(なお本書では、「道」(あるいは「老」)の示す内容としては、煩瑣であるが「道家・道教」という言い方を用いる)。

(7)西欧近代思想対儒教

西欧近代思想が東アジアに流入し、その対比で儒教が批判されることになった。この問題については後に改めて見るので、ここでは詳しくは述べない。重要なのは、西欧近代思想の中で、特にそのうちの平等主義、自由主義とのカウンターとして、儒教が反平等、反自由の思想とされたことである。儒教の現代的意義を論ずる場合、この批判にどう対応できるのかが、説得力の決め手になっている。ただこれも後に述べるが、自由主義、自由至上主義、共同体主義の三者と対比した場合は、儒教は共同体主義に親近性を持ち、その方面での評価もなされている。

(8)広義の儒教

以上は「狭義の儒教」に関するものであったが、これに対して、「広義の儒教」とでも言うべきものがある。儒教の幅を言う場合、近代以前の士大夫(官僚および官僚予備軍)の基礎教養が経書学習を通して培われたこと、それゆえ士大夫は全て広義の儒者と言えることが問題になる。つまり士大夫の教養が儒教文献と古典詩だったのであって、この士大夫が共有しあう場をもとに展開された言説は、儒教が土台となったと言いうるのである。たとえば北宋の蘇軾（蘇東坡、一〇三六～一一〇一）は他の士大夫と比した場合、仏教や道教に深い理解と造詣を持ち、必ずしも儒者性は強いと言えないのであるが、彼の価値観と教養は経書による儒教的教育によって培われたものである。儒教の純粋化体系化を図った道学（宋学）の儒者は文字通り儒者であるが、彼らと対立した蘇軾のような存在もこのように儒者と言えるのであって、李沢厚氏のような儒教を中国人の文化──心理構造とみなす見解が出てくるのも理由の無いことではない（「孔子再評価」、『中国社会科学』一九八〇年第二期、『中国古代思想史論』所収、人民出版社、一九八五）。つまり近代以前の中国など儒教圏と言われる地域では、経書の学習（幼少期は経書をアレンジした教科書）による知の共有が行われていたのであって、かかる知の基盤のうえに様々な思想的言説が展開された。それらの言説は、用語においてもカテゴリーにおいても経書のそれを用いることになり、それらの総体をも儒教と呼ぶならば儒教の範囲はかなり広がることになる。つまり儒教には、先に述べたような仏教や道家・道教など他のイデオロギーと照射して儒教の特色を打ち出す際の儒教（狭義の儒教）と、儒教的教養の地盤をもとに繰り出された言説の総体としての儒教（広義の儒教）の二面が見出せるのである。

広義の儒教というものが成り立つ背景には教育の普及があるが、さらに宋以後の中国では官吏登用試験である科挙の存在が大きい。科挙に合格するためには経書の学習が必須であって、膨大な経書学習者を生み出し続けた。それがまた士大夫文化というものの基盤を形成し、さらに庶民層へも浸透していく。かかる教育の需要に応えて、朱子学をはじめ宋以後の儒教は、科挙合格に囚われない一般的な啓蒙教育にまで力を入れた。日本では科挙こそ流入しなかったが、江戸時代には知的営為に関わる人々の基礎教養としての地位を固め、中国と同様に多様な思想的言説を生み出す土壌となったのである。

二　儒教道徳

1　儒教道徳の重層性

儒教道徳にはいくつかの層がある。津田左右吉（一八七三〜一九六一）は『儒教の実践道徳』（岩波書店、一九三八）を著したが、実践道徳というのは忠や孝であって、忠は君臣関係、孝は親子関係というように限定された人間関係における道徳である。その一方で儒教では、かかる道徳と次元を異にしたより抽象的な道徳を説く。それが仁、義、礼、智あるいは仁、義、礼、智、信といった道徳であって、これらは種々の人間関係に適用可能である。例えば、仁は親子関係にも、朋友関係にも、全くの他人との関係にも適用できる。つまり儒教の道徳は、仁、義、礼、智、信という層、忠、孝、悌、貞という層が重層的に存在するのである。この二つの層をまとめて表現したのが三綱五常であった。

2　三綱五常

(1)三綱

「三綱」とは、父子、夫婦、君臣であって、基本的な人間関係を示す。次に「五常」とは、仁、義、礼、智、信であって、基本的な道徳を示す。

「三綱五常」とまとめて言った語は魏の何晏《かあん》（一九三?～二九四）の『論語集解』為政にあり、その箇所に対応する北宋の邢昺《けいへい》（九三二～一〇一〇）の『論語正義』に次のように説明する。「三綱とは、父子、夫婦、君臣がこれである。五常とは、仁、義、礼、智、信を言う」。また南宋の朱熹《しゅき》（朱子、一一三〇～一二〇〇）の『論語或問《ろんごわくもん》』為政にはこのように解説する。「ある人が問う、何を三綱と言うのか。答える。邢昺の疏（『礼記正義』）にはこのように言う。『白虎通』に、君は臣の綱、父は子の綱、夫は妻の綱である。大きなものが綱、小さなものが紀である。それで上下関係を秩序立て人道を整備するのである。それでは、何を五常と言うのか。答える、仁、義、礼、智、信である」。

「三綱」には具体的人間関係に限定された実践道徳が予想されていて、父子の間の孝、夫婦の間の貞、君臣の間の忠がそれにあたる。それに対して「五常」はより抽象的な道徳である。そして「三綱五常」とつなげることによって、抽象レベルの道徳と、実践の指針とがともに満たされるのである。

儒教の現代にまで通用する超時代性を言いたい論者は、三綱よりも五常の方をクローズアップする。五常の抽象性が応用の範囲を拡大できるからである。それに対して三綱の方は父子、夫婦、君臣という上下関係が前提となるのであって、少なくとも近代以後はしばしば封建思想の代表的概念として批判の対象となった。

ところで、三綱については、もとは法家の主張ではないかという説がある（杜維明『儒教』、上海古籍出版社、二〇〇八）。杜維明氏は「三綱」の観念が儒家の文献に見えるのは比較的おそく、最も早くみえるのは次のように法家の書である『韓非子』であることをあげる。「臣（私）が聞いたところでは、臣は君につかえ、子は父につかえ、妻は夫につかえるものです。三者が順であれば天下は治まり、三者が逆であれば天下は乱れます。これが天下の常道です」（『韓非子』忠孝）。そしてさらに社会秩序の維持にのみ焦点を集中させる思想は、儒家思想と相容れないものとする。また陳来氏も、中国近代において儒教否定の風潮の中で、「三綱」が儒教の特徴としてことさら強調されたと見る（土田健次郎「再び儒教を問う」中に引用した陳来氏の発言、前掲『二十一世紀に儒教を問う』）。

（2）五常

五常は、今見たように、仁、義、礼、智、信であって、前漢の董仲舒（前一七九～前一〇四）がそれまでの四徳（仁、義、礼、智）に「信」を加えて、「仁、誼、礼、知、信は、五常の道」

(『漢書』董仲舒伝)としたのが始まりと言われる。「誼」は「義」と同じ意味であって、先に引いた『白虎通』でも「何を五常と言うのか。仁、義、礼、智、信なり」(「情性」)とあった。(「五常」という語だけを取り上げるならばそれより早く『荘子』に見えるが、意味が異なる)。もともと孔子が仁を説き、孟子がそれをパラフレーズして、仁、義、あるいは仁、義、礼、智とし、さらにそれに「信」が加わったわけである。

なお五常と同じように五つの徳を挙げたものでは「五倫」がある。『孟子』によると、聖人(舜)は民に道徳が無いのを憂え、契《せつ》を司徒(教育長官)に任命して、「人倫」を教えさせた。それが、「父子には親があり、君臣には義があり、夫婦には別があり、長幼には序があり、朋友に信がある」であった(「滕文公 上」)。つまり五倫とは、父子、君臣、夫婦、長幼、朋友であって、内容的には具体的人間関係の中での徳を規定している点で五常よりも三綱に近く、時代的には三綱よりも前に遡る。また三綱と比べて長幼と朋友の二つが多いが、このうち長幼は兄弟が柱でありそこから非血縁に及ぶものであって、ここでは「序」の字が用いられているものの、内容的には「悌」の道徳が含まれていることになる。また長幼は上下関係であるが、もう一つの朋友は平等関係であって、この五倫の方が奥行きが広くなっている。なお『中庸』に見える「五達道」は、君臣、父子、夫婦、昆弟、朋友で、内容的には「五倫」と同じである。

また古代には「五行」という道徳の括り方もあった。それは、仁、義、礼、智、聖の五つの徳であって、そのような括りがあるということは従来からわかってはいたが、近年、湖南省の馬王《まおう》堆《たい》や湖北省の郭店《かくてん》の地中から発見された出土文物によって、その具体的内容と流布の実態が明らかになってきている。

いずれにしても五常の徳目のそれぞれの性格については、後述する。

(3)四維

「三綱」と同じく法家との関係を問題にされる儒教の道徳に「四維」がある。この「四維」とは、礼、義、廉、恥の四徳であって、日本にはなじみが少ないが、いまでも台湾などでは八徳(仁・義・礼・智・忠・信・孝、悌)と並べて、「四維八徳」としてしばしば使用される。

この四維は、もともと法家の書である『管子』に次のように見える。「四維が張れば君令は行われる。……四維が張らなければ国はそこで滅亡する。国には四維がある。……何を四維と言うのか。一は礼を言い、二は義を言い、三は廉を言い、四には恥を言う」(「牧民第一」)、「それならば礼義廉恥が立たなければ、人君は守るものがなくなる」(「立政九敗解第六十五」)。ここでは「四維」は統治者の命令が行き渡るための徳目とされる。「四維」については、前漢の賈誼《かぎ》(前二〇〇～前一六八)『新書』三「俗激(事勢)」ではこの『管子』を引用しつつ議論を立てていて、これが後世しばしば参照されている。時代は降って、唐の柳宗元(七七三～八一九)の「四維論」は、「四維」を否定して後世問題を投げかける。一方この「四維」を持ち出して、五代において多くの君主に仕えた馮道《ふうどう》を批判したのが、北宋の欧陽脩(一〇〇七～一〇七二)である(『五代史』五四「雑伝第四十二」)。何人も君主を変えた馮道は廉恥の道徳に欠けると言うのである。これは司馬光(一〇一九〜一〇八六)の『資治通鑑』二九一「後周紀二」で引用された。そして朱熹は、皇帝に向かい、『管子』と賈誼の議論を評価し(「己酉擬上封事」)、明末清初の顧炎武(一六一三〜一六八二)は四維の中で特に廉恥の意義を説く(『日知録』廉恥)。

これが清朝になると教化の語として、上は皇帝から(「四維解」)、下は庶民向けの善書に至るまで多く見出せる。さらに近代になり蔣介石(一八八七〜一九七五)の新生活運動の標語としてまた浮上する。蔣介石の「四維」解釈は、彼の「礼義廉恥的精義」(一九三四年四月)に見える。

『管子』全篇が法家思想一色であるわけではないが、儒教の徳目の中に法家と接近する要素があるということは注意されよう。もともと「四維」という価値観には法家思想が入っているということを筆者に言ったのは、酒井忠夫氏であった。果たしてそのように断言できるかということについては躊躇するが、上下秩序の意味合いが濃く含まれている概念ではあろう。ともかくも儒教と法家思想は類似した点を持つと同時に、先述のように、儒家と法家が対比された時は、同じく上下秩序の維持を図りながら、諫言に見えるような君主権力の規制という儒家の上下の双方向性と、法のもとにおける臣の君に対する絶対的服従という法家の上から下への一方向性という差が出てくるのである。清朝において礼教的世界が煮詰まり、そこで「四維」が強調されたということは、礼秩序の上部から下部への浸透と並行していたと言えよう。

ただ蔣介石の場合は単純ではなく、それに先立つ新文化運動における儒教批判の風潮に対する対抗でもあり、同時に彼自身の主観的認識としては孫文の三民主義の継承でもあった（段瑞聡『蔣介石と新生活運動』、慶應義塾大学出版会、二〇〇六）。新文化運動では「徳先生（民主主義 Democracy）」と「賽先生（科学 Science）」が評価の基準とされ、民主主義（Democracy）の対極にあるものとして儒教が否定された。これは儒教が平等主義対不平等主義という図式の中で批判されたということである。

また蔣介石の場合は、単なる服従道徳の強制だけではなく、外国からの圧力により中国の自立が困難であった中で、中国国民に統一的核を据えようという意味もあったのだが、新中国では、蔣介石の反動性の証拠と見なされた。そもそも袁世凱《えんせいがい》（一八五九〜一九一六）も儒教を表彰していて、そのことも儒教を反動思想とする動きに拍車をかけた。ただ先述のように文化大革命終息以後、新中国でも儒教に対する評価は高まってきている。

3　仁、義など

(1)仁

五常とは、仁、義、礼、智、信の五者であったが、このうち仁、義、礼、智は「四徳」と言われる。「四徳」は『孟子』に見え、孔子の「仁」の思想を敷衍したものとして、重視されてきた。

儒教の最高道徳は孔子が力説した「仁」である。「仁」は『詩経』や『書経』に見える古い用例からすると、もとは外見の見栄えのよさをあらわす語であったが（竹内照夫『仁の古義の研究』、明治書院、一九六四)、それが孔子の場合は内面化されているのである。これはやはり孔子が徳の高い人の意味で使用した「君子」という語が、もとは身分をあらわしていたのと類似する。つまり孔子はそれまで外面的な意味で使用されていた語を内面の問題に引き入れているのである。

孔子が説く仁とは、自分の心内の欲求を自覚し、それをもとにして他者の心中を思いやることである。「仁者は自分がそこに立ちたいと思えば人を立たせてやり、自分がそこに行き着きたいと思えば、人を行き着かせてやる」(『論語』雍也)。ここには、一方で個人の内面の自覚化があり、他方では社会的調和への要請があり、そのうえで両者を一体化させようという欲求がある。つまり仁とは、個人の内的欲求と社会的調和を両立させるものなのである。それゆえ「ただ仁者だけが人を好《この》め、人を悪《にく》むことができる」(『論語』里仁)のである。仁者こそが正しく人を好悪できるとは、「好悪」という個人の感情が社会的に客観的妥当性を獲得しているということである。また「君子は食事時間のような日常生活でも仁に違うことが無い。それのみならず緊急の場合でも、危機的な場合でも必ず仁に依拠する」(『論語』里仁)とあるように、仁はあらゆる場面に適用される行動原理なのである。孔子は、少なくとも文献上で知りうる限り、初めて個人の内面を問題にし、そのうえで個人と社会の調和を説いた思想家であった。

仁は、「自分が仁を望めば、すぐに仁は来る」(『論語』述而)と言うように、探究すべき対象というよりも、実践を即座に求められる性格のものである。そのせいか、孔子が仁を定義した語は無い。その中で、比較的概括的な説明としては、「人を愛する」(『論語』顔淵)ことを仁とするものがある。この語はまた孟子も（『孟子』離婁下）、荀子（前三二〇頃～前二三〇頃）も（『荀子』大略、議兵）使用しているのであって、仁を愛とするのは古代から儒教の基調にあったと言える。

歴代の仁の訓詁の中で有名なのは、後漢の鄭玄《じょうげん》（一二七～二〇〇）の『礼記』中庸の「仁は人なり」に対する注釈である。「人なりとは、『相人偶』の『人』のように読む。人どうし他者を思いやり慰問することを言う」。「相人偶（たがいに敬愛する）」は当時の成語だと言われているが、これをふまえて、人と人の間に生じる相互的な思いやりのことと解説しているのである。

またこれと並んで著名なのは、南宋の朱熹の「仁は心の徳、愛の理」（『四書集注』ほか）であろう。これは、朱熹の理と気の二元論を背景にした哲学的解釈である。まず「心の徳」の「心の」とは、仁が後述するように宇宙的に拡大した概念であるために、あえてここでは心に備わっている面を言うと断っているのである。また「徳」とは、『孟子』に見える心に備わる「四徳（仁、義、礼、智）」のうちの一つという意味である。次の「愛の理」の「愛の」とは、「四徳」が心の動きとなって現れると、「愛（仁の現れ）、宜（義の現れ）、恭（礼の現れ）、別（智の現れ）」となるが、このうちの愛として現れる徳ということである。この愛、宜、恭、別は、愛＝惻隠《そくいん》の心、宜＝羞悪《しゅうお》の心、恭＝辞譲の心、別＝是非の心、というように『孟子』の「四端の心」に対応し、心の具体的な動きである「情」に属する。また「理」とはどういう意味かというと、朱熹は「心」を「性」と「情」に分け、そのうちの「性」の部分を「理」、「情」の部分を「気」とするが、そのうちの「理」に属するということである。以上をまとめれば、朱熹は仁をこのように解説しているのである。「仁とは、心に備わる四徳のうちの一つである。そして道徳的「情」である「愛」、「宜」、「恭」、「別」の四つのうちの「愛」となって現れる理なのである」。

その他、有名なものでは唐の韓愈の「博愛」とするものもあるが(「原道」)、いずれにしても仁は愛と結びつけられている。ただここでいう愛とは他者への思いやりの類であり、しかもそのモデルは、血縁関係の中での愛である。つまり血縁関係を軸に、血の濃い者から薄い者へ、さらに血縁関係の無い者へと、次第にその濃度を薄めていくものなのである。なおかかる仁は、『論語』に孝悌を仁の道としていることからすると(「学而」)、親に対する親愛ということが出発点にあったという可能性もあるが、基本的には思いやりとして上から下へと流れていく性格のものである(小島祐馬《おじますけま》「中国の政治思想」、『東方文化講座』第一輯、一九五六、内田智雄編『政論雑筆』所収、みすず書房、一九七四)。

ところで戦国時代になり、学派が乱立する中で、孟子は仁を、仁と義に分析して説いた。仁は限りなく外へと拡大していく愛である。義はそれを秩序の中におとしこんでいく規制である。仁は遠心的であり、義は求心的である。この儒教の仁義は、万人を平等に愛する墨家の「兼愛」とは対立するものであった。また他人へも愛を及ぼしていくのであるから楊朱のような「為我(我のためにす)」とも異なる。孟子は墨家の無差別博愛主義と楊朱の個人主義の両者を否定し、差等のある愛を唱えたのである。

孟子は孔子の仁の持っている要素を二分して、仁と義としたが、同時に仁、義、礼、智の四つにも分けた。北宋の程頤《ていい》（伊川）（一〇三三～一一〇七）は、孔子のような諸徳を包みこんだ「仁」を「専言の仁」、孟子のような他の徳と横並びの「仁」を「偏言の仁」として両者の関係を整理し、朱熹もそれを踏襲した。

仁、義、礼、智という並べ方は一見不整合に見える。礼は具体的な行動規範なのであるから仁などと同一にならべられるのであろうか。これに対しては、礼は他者への謙譲の精神であるという解釈を組み込んで説明を行うのが通例である。また智は単なる知性ではなく、道徳的に認識しまた判断する能力とされる。つまり「仁＝秩序ある愛情」、「義＝規範意識」、「礼＝謙譲の精神」、「智＝道徳的認識判断力」なのであって、人間の道徳的心の動きをこの四パターンにまとめているのである。

ところで仁、義、礼、智の徳は次第に宇宙論的広がりを見せていく。春、夏、秋、冬、一年の消長をあらわす生、長、収、蔵、自然界の物資的元素・原理の五行である木、火、土、金、水、『易経』に見える天地の四徳である元、亨、利、貞をあてはめるのである。まとめれば、仁―春―生―木―元、礼―夏―長―火―亨、義―秋―収―金―利、智―冬―蔵―水―貞という対応関係になる。

先述の「専言の仁」は仁、義、礼、智の四者を含みこむのであるから、生、長、収、蔵、について言えばこれら四者を内包する生の徳に合致することになる。『易経』に「生生を易という」（「繫辞上伝」、「天地の大徳を生と言う」（「繫辞下伝」）とあるのがこれと結びつき、かくて宇宙論的に広がり、仁とは万物を限りなく生生する徳であるという説明がなされることになる。このような仁を生と結びつけることの説明の中には、桃や杏の種を「桃仁」、「杏仁」と呼ぶとか、「切脈（脈をとる）」する時に仁が最も感じられるとかいった日常語における仁の用例をふまえたものもある。

この世界は次々と生命を生み出していくように方向づけられている。それが仁である。人間はこの仁を所有するがゆえに、他者の生を尊重しそれを育むようになる。清朝の戴震《たいしん》（戴東原、一七二四～一七七七）は、激烈な朱子学批判者として知られるが、『孟子』で井戸に落ちそうになっている幼児を見た時に人は条件反射的に同情し助けようとするのを「仁の端」としているのを取り上げ、次のようにそれは生への志向が仁であるからだと言った。「自分に生を懐《おも》い死を畏《おそ》れるという知の働きがあればこそ、幼児の生命の危機に「怵惕《じゅってき》（驚き）」、幼児の死に「惻隠（同情）」するのである。もし生を懐い死を畏れる心が無ければ、どうして「怵惕惻隠の心」があろうか」（『孟子字義疏証』中「性」）。戴震の場合は伝統的な仁の解釈を独自に味付けして、他者の生が阻害されるのを同情するのは自己が生存欲（死への恐怖）を持っているためであり、それが仁の基礎であるとまで考えたのである。

仁の宇宙的広がりの極致に登場するものとして、万物一体の仁の思想がある。自己と万物とを一体化する思想は、儒教と対立する『荘子』の斉物思想などもそうであって、古代から存在する。また仏教でも取り入れられ、広範に展開した。ただ荘子などの道家や仏教の場合は、人間と自然界との一体化によって、道徳などの価値規範を無化していこうというものであって、儒教とは正反対の方向性を持っていた。しかし北宋になると儒教側からも、仏教などから触発されて、万物一体が実現した境地こそ仁とする思想が現われた。それは自己と万物の一体を説くことで万物を自分の身体のように感覚し、あわせて自我意識を無化することで、自然に発露する他者への仁愛を限りなく実現していこうとするものであった。この思想を唱えた人物として有名なのは、北宋の程顥《ていこう》（程明道、一〇三二〜一〇八五）であり、南宋の陸九淵（陸象山、一一三九〜一一九三）や、明の王守仁（王陽明、一四七二〜一五二九）にも類似の思想が見える。特に王守仁およびその学派の場合は、心の本源的働きである「良知」を限りなく外へ広げていくことを説き、「万物一体の仁」を社会的貢献の原理にまで持っていった。近代になっても、譚嗣同《たんしどう》（一八六五〜一八九八）のように『仁学』を著し、以太《エーテル》に満ちたこの世界の一体を強調した例もある。仁の思想のこのような展開を、儒教の持つ可能性と見る議論もある。

(2) 義

義は、威儀の正しい様子を言うもので、もともと秩序にのっとるという意味合いを持っていた。義は、孔子が多用し、孟子になって仁と並列するようになり、仁の情緒性に対して義の規範性がいっそう鮮明にされた。

先述のように、仁は「愛」の一字で説かれるが、義の説明は音が通じる「宜」の一字で説明されることが多い。仁の方は遠心的に他者に向かって広がっていく心情というニュアンスが強いのに対して、義は静的な秩序、あるいはその秩序を維持する心性を指し、求心的な印象をあたえる。国家や社会の秩序を整序しようとする場合、義の字を用いるのはそのためである。本来義も心に根ざす徳目であるが、「父子の間には親があり、君臣には義がある」（『孟子』滕文公 上）とあるように、制度的関係に対して道徳性を付与する際にも使用された。このように君臣関係を義で捉える考え方は常識化され、さらに義の意味は敷衍されて、一族の救済支援機関である「義荘」、同じく一族の教育機関である「義学」、血縁関係にはない「義父」、といった用いられ方もした。

儒教では、仁と義は相補的関係であるが、義と利は対立関係とするのが通例である。利の否定は孔子にも見えるが、特に孟子は義と利を峻別した。ただ儒家の中でも『易経』乾卦文言伝の「利は義の和」をもとに、義と利の調和を言うものもあった。このような利と義の関係の問題は、経済論の場で種々の議論を呼び起こした。北宋の王安石（一〇二一～一〇八六）や南宋の事功派、清の顔元（習斎、一六三五～一七〇四）などのように利と義の相即を言うような例もある。しかし全体としては、利益追求の否定ないしは抑制という形の議論が主流であった。

（3）信

先述のように前漢の董仲舒はこの四者に対して信を加えて五常としたのであるが、この「信」とは、そのものが本質通りのあり方をすることであって、それゆえ「まこと」なのである。仁、義、礼、智と信との関係は、仁が仁、義が義、礼が礼、智が智であること、つまりそれぞれの徳がその本質通りの徳としてあることが信であって、それゆえ信は仁、義、礼、智それぞれに含みこまれていると言えるのである。五行配当でいえば木（＝仁＝春）火（＝礼＝夏）金（＝義＝秋）水（＝智＝冬）のそれぞれに土（＝信）が含まれていることであって、四季それぞれ末の十八日間が土旺（土用）であるのがそれをあらわしている。（特に夏の土旺が、日本ではうなぎを食べるいわゆる土用である）。

この「信」は、「誠」に通じている。「誠」は、特に『礼記』中庸で重い意味を持たされている。『孟子』離婁上と『礼記』中庸に「誠は天の道である。誠を思う（これを誠にする）のは人の道である」という語があるように、誠は天と人を媒介する徳とまでされる。誠は天と人の両方の本来の波長なのであって、その波長を全うすることで天と人が一体化していくということであろう。研究者によっては誠こそが儒教の最重要道徳とまで言う。ただこの誠というのは、あくまでも仁、義、礼、智があってこそのものであって、同じく仁、義、礼、智が十全に発揮されていれば信（誠）は全うされることになる。なお日本の江戸時代では誠重視の傾向が見られるとされるが、これには結果の如何を問うよりも動機の純粋さを問題にする日本人の志向が関係している（相良亨『誠実と日本人』、ぺりかん社、一九九〇）。

(4)勇

このような仁、義、礼、智の系統以外に、『礼記』中庸に見られる「三達徳」、つまり知、仁、勇という挙げ方もある。なお『礼記』中庸ではあわせて君臣、父子、夫婦、昆弟、朋友の「五達道」もあげているのは、両者で抽象的道徳と実践道徳の組み合わせているのであって、三綱五常的な並べ方である。

ところでこの三達徳と五常や四徳が異なるのは、「勇」があることである。この勇について、中国の注釈は多く勇武としてではなく、徳行への邁進の意味として捉えてきた。これは『論語』でも、兵と食と信の三者で最も軽いものは兵であるとしたり（「顔淵」）、衛の霊公の軍事に対する質問に俎豆《そとう》の事（礼に使用する皿や器）については聞いたことがあるが軍旅の事（軍事）は聞いたことが無いと答えたり（「衛霊公」）しているように、儒の原義のところでも見たように儒者がそもそも文を中心とするからである。しかし日本の江戸時代では、儒教の受容者として武士がいた。それゆえ武の意義付けをする必要があり、その際にこれが典拠とされることもあったのである。そのほかの軍事の肯定論としてよく利用されたのは『荀子』議兵、『易経』の旅卦、師卦、それに司馬遷『史記』孔子世家に見える孔子の語「文にたずさわる者は必ず武も具え、武にたずさわる者は必ず文も具える」などであった。例えば江戸時代の荻生徂徠は、古代は儒教も文武両道であったが後世は文のみになってしまったと言う（『鈐録《けんろく》』序）。徂徠は武士は知行地にもどるべきだとし、それこそが封建の理念に沿うものだとしたのであるが、これは田制と軍制を重ね合わせ、江戸時代当時の武士統治の理念に合わせるための議論であった。また山鹿素行《やまがそこう》（一六二二～一六八五）は武士道を儒教によって再体系化し、士道として打ち出した。

4　忠、孝

(1) 忠と孝の根拠

仁、義、礼、智の系統と別の層で主張されるものとして、固定された人間関係の中での実践道徳があると先に述べたが、忠、孝こそはその代表である。忠、孝は君臣関係と親子関係の間に成立する道徳である。そしてこの二つの関係は、万人が逃れられぬものとされた。

まず父子関係であるが、それは次のように「天性」である。「父子の道は天性であり、君臣の義（誼）である」（『孝経』）、「そもそも父子は天性であり、兄弟は天倫である」（胡宏『皇王大紀』一〇）、「父子は天倫であり、三綱が該当するものである」（朱熹「経筵留身面陳四事箚子」）。

また君臣関係も、人間が全て王の土地に住む以上、必ずそこに組み込まれるべきものであった。『詩経』には「広大な天下に、王土でない土地は無く、世界の果てまで、王臣でないものは無い」（「小雅・北山」）とあり、この詩句は、『孟子』にも引かれている（「万章 上」）。

そして孝を尽くす父は当然のこと、忠誠をささげる王者もただ一人しかいないとされるのである。「孔子が言われた。天に二つの太陽は無く、土に二人の王者は無い」（『礼記』曾子問）、「孔子が言われた。天に二つの太陽は無く、土に二人の王者は無く、家に二人の主人は無く、尊者に二つの至上は無い」(『礼記』坊記)、「天に二つの太陽は無く、土に二人の王者は無く、国に二人の君は無く、家に二人の尊者は無い」(『礼記』喪服四制)、「天に二つの太陽は無く、国に二人の君は無く、家に二人の尊者は無い」(『大戴礼』本命)。つまり父子関係と君臣関係の間に成り立つ忠と孝は万人が踏み行うべき実践道徳ということになるのである。

そもそも忠と孝は、世界中で見られた徳目である。伊藤仁斎の長子であり江戸時代を代表する儒者の一人伊藤東涯(一六七〇〜一七三六)は、当時来日したヨーロッパ人の話を伝え聞いて、彼らの母国でも「君臣朋友の道」や家族調和の類があることを知り、かかる道徳を説く儒教がいかに普遍思想であるかを誇らしげに述べている(『訓幼字義』二「道」)。これは、言い換えれば、忠孝を漫然と説くだけでは一般的現象であるにとどまり儒教の特質とはなりえないということでもある。忠孝が自然発生的な慣習的道徳を超えて思想的主張であるからには、今見たような忠孝が人間の存立根拠であるという強い自覚と、これから述べる各種の理論が必要なのである。

(2)孝の重さ

忠と孝のいずれが重いかというのは後述するように難問であるが、少なくとも中国における孝の重さは格別であって、親殺しには可能な限りの厳しい罰が加えられた。桑原隲蔵《くわばらじつぞう》の名高い論文『支那の孝道――殊に法律上より観たる支那の孝道』(『支那学論叢――狩野教授還暦記念』、弘文堂書房、一九二八）には、親の殺傷がいかに厳しい法の適用対象になったかが具体的に書かれている。さらに実際に親や君に害を加える以前にそのたくらみが発覚しただけでも重い誅罰の対象になったのであって（『春秋公羊伝』荘公三十二年）、孝にそむくことは社会的かつ身体的な抹殺を意味し、それがまた孝の重みを増した。かかる中国において孝を否定する議論を見出すことは困難である。それゆえ、唐の禅僧の臨済（?〜八六六あるいは八六七）が、あらゆる既成の価値観から脱却し心に備わる仏性の自然な発露を実現させるため、「父母に会っては父母を殺し」（『臨済録』示衆）と言ったのは、比喩ではあれ極めて衝撃的なものであった。またこの語から逆に孝が既成の価値の最たるものであることも確認できよう。

なお仏教は、中国社会に定着していく過程で、この孝の思想を取り込んでいった。中国で作られた仏教の経典、いわゆる「偽経（疑経）」である『盂蘭盆経《うらぼんきょう》』や『父母恩重経』はその代表的な例である。

(3)孝から忠へ

儒教の孝の思想において父と母を比較した場合、特に重要なのは父に対する孝である。近年、下見隆雄氏が儒教の軸に母子関係を見出すという刺激的な議論を展開したが（『儒教社会と母性——母性の威力の観点でみる漢魏晋中国女性史』、研文出版、一九九四、『孝と母性のメカニズム——中国女性史の視座』、研文出版、一九九七）、父子関係こそが第一であることは、後で引く『孝経』の文を見れば明らかである。また「禽獣は母を知るも父を知らず」（『儀礼』喪服・伝）というように禽獣は母を認知できるが、父を認知できない。母子は生物的関係なのであって、それのみでは人間の尊厳性は得られない。父子関係はそこにさらに制度的規範性が加わっているのであって、そのことが重要なのである。

『孝経』では、次のように父子の間の孝には愛と敬があるとする。「孔子が言われた。父につかえる姿勢で母につかえるのは愛という点で等しい。父につかえる姿勢で君につかえるのは敬という点で等しい。つまり母は愛に、君は敬に依拠するのであって、その両方を兼ねるのが父なのである」。母子関係は愛のみ、君臣関係は敬のみであって、その両者を兼ねるのが父子間の孝である。父子間の孝こそは生物的愛情と制度的敬虔を統合する位置に存在するものなのである。

『孝経』の議論で重要なのは、父子関係の間の孝は、君臣関係に転移できるということである。「孔子が言われた。君子は親につかえるのが孝であるから、それゆえそれを忠として君に移行できる。兄につかえるのが悌であるから、それゆえそれを順として長に移行できる。家をよく秩序あらしめられるから、それゆえそれを安定した統治として官に移行できる。かくてその人が立派な行いができると、名声が後世に伝えられることになる」。孝なるがゆえに忠になりうるというのは、忠と孝を結ぶ重要な論理であり、その孝は父子間の孝が軸であった。ただ孝が人間生来の道徳であることの説得性を増すために母子関係が持ち出される例も少なくない。しかしそれはどちらかと言えば経書よりも説話など啓蒙書の類に著しく、また後漢に中国に入った仏教が中国化していく過程で孝の思想を取り入れていくのであるが、その中で母子関係を強調するものが目につく。これは、仏教は儒教と異なり、社会の一部分としての人間よりも、単独者としての個人を問題にするのであって、それゆえ生物的関係を制度的関係にスライドできる父子関係よりも、実存的に向かい合う母子関係の方に目が行くことになったのであろう。そしてこのことは、中国社会全体から見た場合、いわば儒教の父子尊重を補完する働きを持っているとも言えよう。

孝であれば忠であるならば、孝である若者を登用すれば必ず忠義の臣になるということになるはずである。この考え方を使って漢代に「孝廉《こうれん》」という推薦制度が行われた。まだ宮仕えしていない地方の青年で孝行者を推薦させれば、確実に忠義の臣を得られるという発想である。このことは、「「それゆえ君につかえていなくとも忠臣なのがわかるのは、孝子について言えることである」（『大戴礼《だたいれい》』曾子立孝）、「孔子が言われた。君子は親につかえる際に孝であるから、それゆえそれを忠として君に移行できる。かかることから、忠臣は必ず孝子のいる家に求めなければならないのである（原注：これは『孝経緯』の文である）」（『後漢書』韋彪伝）と言われている。

（4）忠と孝の方向性

ところでこの忠と孝は、君や親に対する一方的献身であろうか、それとも君臣、親子間の双方向的な道徳なのであろうか。

君と臣の間には、忠と礼の双方向性が言われることがある。たとえば「君は臣を使うのに礼により、臣は君につかえるのに忠による」（『論語』八佾《はちいつ》）という孔子の語がそれである。（ただ注意しておくべきは、忠が忠誠の意味となるのは荀子からであって、孔子の段階ではまだ心中の誠実さの意味である）。また同じく孔子の語に、忠と慈の双方向性が言われることもある。「民に臨むのに威厳をもってすれば敬われ、親に孝に民に慈であれば忠を尽くされる」（『論語』為政）。さらに『礼記』礼運では、次のように仁と忠の双方向を言う。「君が仁であれば臣は忠である」。いずれにしても臣下や民が君に対する場合は一貫して「忠」が求められるが、それに対応する君主側の姿勢は多様であり安定していない。やはり君臣を成立させる基本は臣下の君主に対する忠なのである（なお臣下には忠ではなくて敬を求め、それに対して君主には仁を要求している場合もある（『礼記』大学））。

次に孝であるが、子が親に孝であるのに対し、親は子に慈であることが求められている。「何を人の義と言うのか。父は慈、子は孝、兄は良、弟は弟、夫は義、婦は聴、長は恵、幼は順、君は仁、臣は忠ということである。この十を人の義と言う」（『礼記』礼運）。「人の子であっては孝を持ち、人の父であっては慈を持つ」（『礼記』大学）。孝が親に対してのみ使われるのに対し、慈は子に対して以外にもあてはめられる一般的なものであって、やはり孝の思想の基本も、あくまでも子の親に対する献身なのである（以上の忠孝の方向性については、前掲の津田左右吉『儒教の実践道徳』）。それでもあえて平等性を言うならば、子は父に献身するが、次は孫が子に献身するのだから、順次尽くした分、尽くされることになるということであろう。なお津田の場合は、中国の君臣関係が君への服属のみを求めるという一方的な色彩が濃いのに対し、日本の主従関係の方は、より双方向的であるとしている。

　ちなみに鎌倉武士について、和辻哲郎（一八八九～一九六〇）が「君に対する無条件の奉仕」（「献身の道徳とその伝統」、『岩波講座　倫理学』三、岩波書店、一九四〇）、津田左右吉が「恩顧と奉公の交換関係」（『文学に現はれたる我が国民思想の研究　貴族文学の時代』、『同　武士文学の時代』、洛陽堂、一九一六、一九一七）、豊田武が「対等の双務関係ではなく、一方的忠誠観念、農奴主と農奴の家父長的強制の反映」（「封建的主従関係の変化」、『史学雑誌』六二―一〇、一九五三）としたのに対して、家永三郎は主従の間の功利的関係を強調し、「江戸時代でも主君の恩を強調することなしには、忠勤の義務を要求できなかった」とした（「主従道徳の一考察」、『史学雑誌』六二―三、一九五三）。その後家永・豊田の論争もなされ、それ以外も種々の議論が出たが、それらについては石井進「主従の関係」（『講座・日本思想』三「秩序」、東京大学出版会、一九八三）に極めて要領を得た解説がある。中でも佐藤進一氏が、「人身的な身体＝隷属関係に縛られた家人《けにん》型の武士と、そうした関係を持たない家礼《けらい》型の武士とがあった」とし、「鎌倉幕府初期の御家人における二重三重の隷属関係」を取り上げるのは興味深い（「時代と人物・中世」、佐藤進一編『日本人物史大系』二、朝倉書店、一九五九）。たとえば家人は主人に文字通り献身するが、その主人が家来として主君に仕える場合は比較的契約的であり、その場合、複数の武家の棟梁と主従関係を結ぶこともあったと言うのである。

儒教の君臣関係は忠の対象は一人の君主であって複数であってはならない。武家のならいと儒教の徳目は必ずしも一致はしないのである。それは戦国時代から江戸時代へと引きずられた武士道と、儒教により整備された士道との差でもある。後で触れるように、戦国時代の武士は主君を変えていくこともあった。忠の対象を一つにしぼることへの要求の最たるものは、後で述べる正統論である。正統論とは正統の王朝を一つだけ認定し、万人にその王朝への忠誠を求める議論である。儒教の教養が江戸時代に行き渡り、儒教流の忠が刷り込まれていったその先に、天皇に対する絶対的忠誠を説く尊皇論の台頭があったことについては後述する。

(5)忠と孝の相克と一致

このように忠と孝は二大実践道徳なのであるが、この二者を統合する原理は立てられているのであろうか。もちろん「忠臣が君に仕えるのと、孝子が父に仕えるのは、その本は一である」(『礼記』祭統)というような語はあるが、その「本」を理論的に説明し、両者を完全に統合することに成功した理論はなかなか見あたらない。

島田虔次氏は、儒教を忠と孝を二つの中心とする楕円形だとし、この二点が重なり合って円になることはないと言った(『朱子学と陽明学』、岩波書店、一九五七)。確かにこの二点は平等に並存し、そのバランスと緊張がかえって儒教の内容を豊かにしてきたのである。忠と孝の相剋の問題は、儒者にとって腕の見せ所であり、多様な議論を展開しうる場であった。

忠と孝の相剋とは、もし君と父が衝突した場合、どちらにくみするのかといったことである。具体的には、江戸時代の山崎闇斎（一六一八～一六八二）があげている次のようなものである。「中国の李璀《りさい》が、父の謀叛を君に申しあげ、小田原の松田左馬助が、父の謀反心を北條に申しあげたが、私恩のために公義をすてなかった心のうちは、とても不憫に思われる。源義朝が、君の命だといって父の首を切ったのは孝子や忠臣のしわざではない。このことを『神皇正統記』で議っている」（『大和小学』明倫第二）。李璀は、唐の徳宗に父の懐光の謀反を密告し、その結果謀反は失敗し、李璀自身も自殺した。このことは、朱熹とその後学の手になる『資治通鑑綱目』に載せ、それに先立ち胡寅（胡致堂、一〇九八～一一五六）も論評していて、道学（宋学）ではかなり話題になっていた。一方、松田左馬助のことは、『太閤記』にのせ、後に浅見《あさみ》絅斎《けいさい》（一六五二～一七一二）の『忠孝類説』や随筆の『塩尻』六にも見えるが、これらでもあわせて李璀の例に言及している。この二つの例は、江戸時代でもよく知られたものなのである。

ここで注意を引くのは、松田左馬助が最後には高野山で消息を絶つにとどまり死ななかったことを、闇斎が批判していることである。先の李璀も自殺した。つまりかかる極めて困難な二者択一に対しては、その選択結果を行った当事者も犠牲になることで、かろうじてバランスが取れるのである。振り返ってみれば、『孟子』の中で、舜の父の瞽瞍《こそう》が人を殺し皐陶《こうよう》がそれを罰しようとした時、舜はその処罰を承認したうえで、王位を手放し父とともに海浜に逃れるという議論がなされていた（「尽心上」）。このように選択をした当事者が何かしらの犠牲を払うことが要求される場合とは、儒教において根本的にどこか未解決の感覚が残るような問題に対してなのである。

忠と孝が相剋する場合の解決方法にはいくつかのパターンがあり、ジェームス・マックマレン氏は以下の四者をあげる。一、一種のタブーをつけて論じることを忌む。二、主体の所在によって解決する（Situational solution）。三、忠孝の理は一つとし、理の段階で理解できたら解決とする（Metaphysical solution）。四、選択の結果によって矛盾を解決する（Consequentialist approach）。これは中国の明代から現れ、部分的にしか発展しなかった。氏は、結局はそれぞれのケースでの個別的解決をしていく場合が多いとするが（「江戸前期における『忠』と『孝』の問題について」〈『季刊日本思想史』三一、ぺりかん社、一九八八〉）、それは統合的に理論化するのを避けているということでもある。

ところで先の闇斎の語の中では、父子を「私恩」、君臣を「公義」としていたが、山鹿素行も同趣旨のことを、このように言う。「されば父母妻子を思うのも、国家天下に比して言えば、まだ我が身の思ということにならざるをえない」（『山鹿語類』一五「臣談」）。ここには日本の公私観の問題があるが（後述）、一般論としては、中国では孝が優先されるのに比し、日本では忠が優先される傾向が言われてきた（津田左右吉『シナ思想と日本』、岩波書店、一九三八）。

それに対して中国で孝が優先する例としては、君を何度も諫めて聞き入れられなければそのもとを去るが、父の場合には泣いて従うという議論がある。「人臣としての礼は露骨に諫めないことである。三度諫めて聞き入れられなければそこを逃れる。子が親につかえる場合は、三度諫めて聞き入れられなければ、号泣してそれに従う」（『礼記』曲礼 下）。これは父子関係を先天的なものとして君臣関係に優先させる顕著な例である。

ところで忠と孝のいずれが優先するかという問題からさらに進んで、忠孝を一致させようという議論もなかったわけではない。この忠孝一致論は、中国よりも日本で目立つ。特に明治時代以後、天皇を頂点にする一君万民論のもとで、日本の美風として強調された。天皇は日本国民の祖であり、同時に日本国民の主なのである。

このような忠と孝を重ね合わせる議論は、江戸時代の中江藤樹（一六〇八～一六四八）のように孝でくくる場合と、儒家神道のように忠に統括していく場合がある。たとえば先述の君主を三度諌めて聞き入れられなければそこを去るが、親の場合には従うとする語について、儒家神道では天皇への絶対服従の立場から永遠の臣従を強調することさえある（吉川従長《よしかわつぐなが》『神籬磐境之大事《ひもろぎいわさかのだいじ》』）。この議論は、まず忠を尽くすのには二つのポイントがあり、その一つは「準詞《のりと》」で、清い心で仕えること、もう一つは「隠忠」で、君のためには不義も行い、そのために自分や子孫が汚名を受けても顧みないこととする。また君を諌めるのにも二つのポイントがあり、その一つは「曲玉《まがたま》」で、周囲と調和しながら行い、もし君を諌めても君が聞き入れなければ、一時は君と心を同じくして仕え、機会を見てまた諌めること、もう一つは「諌順」で、君を諌めて聞き入れられなくてもそのまま君に従って行動し、何回でも機会を見て諌めはするが、君とともに不義を行った結果身が亡んでも悔いないこととする。この姿勢は、君が不義の行為を続けていても、諫言はするもののあくまでも君に仕え続けるというものであって、そこから中国のように不義を行う君と訣別するという議論を否定するのである。

忠孝一致論は幕末の水戸学にも見られた（会沢正志斎『新論』国体 上、徳川斉昭『弘道館記』の「忠孝無二」を解説した藤田東湖『弘道館記述義』下）。また近代以後は日本儒教の粋として顕彰された。たとえば井上哲次郎は、『国民道徳概論』（三省堂書店、一九一二）の中で、日本の家族制度には個別家族制度だけではなく、総合家族制度があると言い、前者に家長があるように後者には天皇があるとした。そして後者の総合家族制度を中国には無いものとし、ここでは孝は同時に忠なるがゆえに、日本道徳の粋は忠孝一致であると主張したのである（中国には家族よりも広く宗族があるが、国家全体が一家族という発想は無かった）。

（6）諫言

ところでこの諫言であるが、これは儒教の重要な要素であった。もともと中国では天子の圧倒的尊貴を言いながら、同時に臣下の権威が高く説かれることもある。たとえば太師、太傅《たいふ》、太保の三師は最高位の臣下であるが、『唐六典』で「三師は、訓導の官である。……天子が聡明叡智であっても師とするところがある」などとも言われる。臣下が皇帝を教導したり、諫めたりすることを認めるのも、儒教の特色なのである。中国では諫官として専門の役職がおかれ、これは官僚を監視する御史台とともに、宰相らの権力が及ばないのをたてまえとした。中国では皇帝に直接もの申せるこの官職が制度化されているのに対して、日本ではそれが置かれなかった。しかし諫言は日本儒教においても臣下の必須の義務とされたのであって、日本の古代や中世において、儒教が話題になる時は諫言が問題になっている場合が目立つ。近世でもこのような話がある。徳川家康にある家来が諫言した時、家康はうなずいて聞いていた。その家来が去った後、ある臣下がなぜあのような凡庸な内容に耳を貸すのか質問したところ、家康はそれはわかっているが耳を貸す姿勢が重要だと答えた（室鳩巣《むろきゅうそう》（一六五八～一七三四）『駿台雑話』三「直諫は一番鑓《やり》より難し」）。儒教はこのように王者が諫言を聞き入れる態度を求める。現在の北朝鮮を儒教的社会という議論があるが、これはむしろ儒教無き専制社会であろう。

ただ臣下全員が諫言していてはかえって無秩序になる。そこで家老職などの上位者だけが諫言すべきであるという議論もあった。「武士道は死ぬこととみつけたり」という語で有名な『葉隠』でも、片方で主君にもの申すには出世しなければいけないという現実的なところも見せているし、また近年の研究だと、『葉隠』には一方的な服従ではなく、諫言によって君主を啓発する姿勢があるという（谷口眞子「没我的忠誠論の再検討――『葉隠』新解釈の試み」、『早稲田大学大学院文学研究科紀要』五六―一、二〇一一）。

また臣下から君主に対して働きかけるものとしては、王者を教育する帝王学に儒教が使われたことも重要である。帝王学というのは、帝王に徳治政治を身に体させるものであって、皇帝にとっては重荷であった。北宋の哲宗の教師であった程頤、南宋の寧宗の教師であった朱熹はともに皇帝からうとまれた。ただ帝王がこのような教育を受けることは臣下たちにとっては好ましいことであって、帝王学として朱子学などの道学は当時の士大夫たちにアピールしたのである。

儒教は単なる上位者への単純な服従を説く教説ではない。君主への忠誠を要求しながら、同時に君主に対して諫言や教育を行い、後述するように天災をもとに君主の反省を求める思想でもあった。このような側面を持つことが儒教の懐を深くし、その寿命を長からしめたのである。

(7)忠の対象――個人か組織か

ところで忠の対象であるが、それは当然自分が仕える君主である。ただ名目上はそうであっても実質的には組織に対する忠誠を説く場合もある。

君主に対する忠誠の極北には、その君主が死んだ際にそれに対して殉死するという行為がある。これは日本で見られるものであって、特に江戸時代初期に行われた。森鷗外の『阿部一族』はそれを取り扱った小説として有名であるが、そのもとになった記録に『阿部茶事談』があり、鷗外はかなりそれを忠実になぞっていると言われる。「二君に仕えず」という語があるが、この場合は文字通り、二人の君に仕えないということなのであって、中国におけるような「二姓につかえず」、つまり二つの王朝に仕えないということとは意味が異なっているのである。

このような殉死の基盤には、君主と臣下の間の個人的関係、情緒的関係がある。日本での君臣関係は主従関係であるということが言われるが、それはこのことを指している。中国では、きちんとしたお世継ぎがいるのに、君主の死に殉死するなどということは考えられないことであって、お世継ぎが新たな君主になれば、それに仕えていくことこそ忠なのである（明などでは、皇帝や王の死に際し宮女を殉死させたことはある）。

それではこの殉死を日本の儒者たちは、忠の至極として賛美したのであろうかと言えば、実際には儒者たちは必ずしも殉死に肯定的ではなかった。士道論で有名な山鹿素行は、このように、殉死をはっきりと否定している。「主君が逝去した時に殉死して終るのは容易であってそれゆえ世に多いが、常に君を諫め戒めて、君の政を助け民を救うことはむしろ困難なことである。このことから考えてみると、臣の職務は、ただ死ぬことを一途につきつめるのを忠勤と思うべきではないのだ。平生志を立てて自分の職分を守り、君を善道に導き国家の治教を明らかにし、天下のたすけとなろうと思い、その法を詳細に究明し、昼夜の務めをいささかも怠るべきではない」（『山鹿語類』一一「納諫言」、一三「死易生難」）。武士道といえば思い出されるのは、『葉隠』の次の有名な語であろう。「武士道というのは、死ぬことと心得た」（「聞書一　教訓」）、「武士道は死に狂いである」（同上）。武士道は忠のために死ぬことなのである。そしてその忠とは、「恋にはまる至極は、忍ぶ恋である。……主従の間などは、この心ですむものだ」（「聞書」二　教訓）。主君への忠誠は、片思いの心情なのである。このように君臣関係を恋愛関係の比喩で説明するのは、素行が次の語のように、男色と殉死を関係づける論を想起させる。「そうであるから世俗ではおおかた男色によって殉死するのを義とするのだ。殉死の事は、人臣の大義を取り失っていることなので、天下の人君にあるべき義理を正しく悟らせ、殉死が義ではないことを知るようにさせれば、風俗はそこで古にもどり、自然にそれを止めることができる」(『山鹿語類』一五「臣談」)。厳格な朱子学者であった山崎闇斎も同様に言う。「色欲は女色のみではない。男色のわざわいは長い。……近頃いよいよ流行してきて、追腹(切腹による殉死)する者が、それにつれて盛んになってきた。無見識なことである」(『大和小学』明倫第二)。山本博文氏は、主君に対する殉死はそのために家がよい待遇を受けるようにという打算からくるいわゆる「あきないばら」ばかりではなく、それ以上に積極的に死に赴いたと言う。しかも君主に拝謁したことも無い下級武士に多く、それは一種の男だてであったらしい(『殉死の構造』、弘文堂、一九九四)。有名な赤穂浪士も下級武士が多いように、よほど優れた主君でない限り、主君は身近にいるよりも距離があった方が忠誠の対象としてあこがれを持ちやすいという事情もあったかもしれない。

儒教は同性愛を否定する。それは儒教における性愛では子を作り子孫を維持することが重要であるのに対し、同性愛は子作りと関係無く快楽を自己目的的に追求するからである。儒教では子を作り子孫を維持することが孝なのである。ともかくも儒者たちは意外なほど殉死に冷淡だった。武士の慣習では男色は認められている行為であったが、儒教はそれを否定し、また殉死があまりに情緒的で規律を破壊することに批判的だったのである。

素行の議論を読むと、主君個人より、藩などの組織に対する忠誠が浮かび上がってくる。このような例は江戸時代では他でも目につき、たとえば主君「押込」ということさえも行われた。それは、その主君が無能あるいは非道ならばその主君を押し込めて、別の主君をたてるということであり、重要なのはこれがある程度まで公認されていたということである。室鳩巣は『明君家訓』で「その君主にかわる人を選ぶ時は、親疎の別無く、その者の平生の行いを考えて善し悪しを決めるのは、家老、頭分たる者が合議すべきことである」と言い、伝・黒田長政（一五六八―一六二三）『黒田長政公遺言並定則』でもこのように言う。「また子孫に至り、不義・放逸ばかりにうつつをぬかし、諫めを聞き入れず、勝手気ままで掟を守らず、みだりに財宝を費す者があれば、家老中申合わせ、その者を退け、子孫の内から人柄を選んで主君とし、国家を存続させるべきである」（以上は、笠原和比古『主君「押込」の構造――近世大名と家臣団』、平凡社、一九八八）。

それでは、中国では組織に対する忠誠というのは儒教の範囲内であったのであろうか。黄宗羲は、君主の言うことに盲従するだけでは君主の僕妾であり、公ということで仕えれば君主の師友であるとし、古代の聖天子は天下を私物化しなかったが、後世の皇帝たちは天下を自己の財産と見なし歴代相続し続けたとまで言った（『明夷待訪録』原君、原臣）。ここでは王家にではなく、公に対する忠誠心とでもいうものがある。

このように忠は、組織や社会に向けられることもあったが、さりとて君主の存在は必須の前提としているのであって、そこが近代の政体とは異なる。また君主という人格があってこそ忠に対する実感が持ちうるという心理があることも見逃してはならないであろう。たとえば忠という道徳が成り立つうえでは、忠を巡る歴史や物語が大きく貢献する。これは世界共通であって、幾多の史書や叙事詩や悲劇、さらには美術や音楽がこれを題材にしてきた。このような物語は、臣下と君主の情の通じ合いが前提となることが多いのであって、忠の思想の説得力には、この意味でも君主の存在が必須となるのである。もし君主が不在で、組織のみへの忠誠であれば、それはたとえば「愛国心」というような形となる。「愛国心」とは近代の産物であると言われるが、その場合の「国」とは、時の政権とか政治組織とかでは説得力は持ちえず、国民とか国土とかを持ち出しても抽象的に過ぎる。そこで近代の政体であっても、象徴的であれ国王とか、あるいはカリスマ化された指導者とか、あるいは建国の物語や理念がこめられた国歌や国旗などの視聴覚に訴えるものが国と重ね合わされ、そこで忠のリアリティーが増すのである。

5 悌、貞、信

忠孝と同じく特定の人間関係の中で成立する道徳としては、兄弟の間の「悌」、夫婦の間の「貞」、朋友の間の「信」がある。

(1)悌

まず悌(弟)であるが、『詩経』小雅の「常棣《じょうてい》」の詩では朋友よりも兄弟が優先することを歌い、朱熹はその注釈の中で、「兄弟の恩」は「形(肉体)を異にし、気(生命力的エネルギー)を同じくし、死生苦楽を、常にともにしあうもの」とする(『詩集伝』四)。兄弟の血縁は、非血縁の朋友関係に優先するのであって、血縁重視の姿勢がここでも見える。この箇所の「悌」は弟が兄に対する献身であり狭義のものと言えるが、この道徳は同時に血族内の目下の者が目上の者につかえる道徳に敷衍され、さらには親族をこえた長幼関係にまで適用されていくのであって、家族内秩序が社会秩序へとつながっていくそのつなぎ目の役目も果たしている。ただ現代中国の一人っ子政策によって兄弟の無い子供が増加し、この道徳が空洞化しつつあり、それは家族というものの持つミニ社会としての機能の崩壊に通じる可能性がある。なお軍閥の長や侠客などのアウトローたちが兄弟の契りを結ぶことがあるが、これは悌を模した擬血縁結合である。

(2)貞

次の貞は、本来は男についても使用されたが、妻が夫に献身する道徳として定着した。なお「貞」は未婚女性（婚約者に対する貞節が求められる）、「節」は既婚女性に対して使用するという区別がなされることもあるが、「節」が男性の忠節の意味で後世まで用い続けられるので、ここでは「貞」としてまとめておく。この貞はフェミニズムで攻撃の対象になっている道徳であって、それに先立ち明治時代で儒教批判を展開した福沢諭吉（一八三五～一九〇一）の『女大学評論』（一八九九）などは当然としても、西村茂樹（一八二八～一九〇二）のような儒教に比較的好意的な人物も儒教の問題点として「男尊女卑」を挙げている（『日本道徳論』、一八八七）。なお福沢が批判したのは、江戸時代の貝原益軒に擬せられた『女大学』であり、同書は封建的女性観を端的に示すものとして名高い。もちろん中国近代でも多数の貞の徳に対する批判があるが、有名なものとしてやや時代が降る魯迅の「私の貞烈観（我之貞烈観）」（一九一八）をあげておく。現在、儒教の現代的意義を説く論者も、このような女性観については修正の必要を認めている場合がある。

貞の道徳の非人間性を説く場合に持ち出されるのは、夫が死んだ時や、さらには婚約者の死の時ですらも殉死するのを政府が表彰しその家に旗や額をあたえ（「旌表《せいひょう》」）、その家でもそれを名誉としたということである。このような事例は特に明の時代から多くなり、そこに道徳的厳格主義で聞こえた朱子学の影響が見えるとされてきた。しかし近年では、周囲がとめるのに妻ないしは婚約者自身が進んで自殺した事例が少なくないことから、男性が君主に対する忠の精神に殉ずるのと同様の女性の自己主張という面も含まれているという見解もある。ちなみにこの時代には男性の領域に女性が進出し、詩文の世界から軍事、武芸に至るまで、女性の活動が目立つ時期でもある（以上については合山究『明清時代の女性と文学』、汲古書院、二〇〇六）。なお女性が纏足《てんそく》をする風習は五代の南唐の時から始まり、明清に特に盛んになると言われる。つまり儒教の経書に出てくるようなものではなく、また康有為（一八五八〜一九二七）のような儒者が近代における纏足反対論の先駆的存在でもあるのだが、これも儒教社会の女性観の象徴と見られることがあり、これから脱却するのが近代の女性解放の象徴とされた。

そもそも女性の服従を説く道徳として有名なのは、次の「三従の教え」である。「婦人には三従の義があり、一律ではない。それゆえまず嫁していない時は父に従い、嫁してからは夫に従い、夫が死んでからは子に従うのである。父は子にとって天であり、夫は妻にとって天である」(『儀礼』喪服)。さらにこの「三従」と並べて女性に要求されるものとして「婦徳(貞淑)」、「婦言(言葉遣い)」、「婦容(たおやかさ)」、「婦功(裁縫などの家事)」の「四徳」があり(『周礼』天官・九嬪、『礼記』昏義、( )内は鄭玄の注による)、長く中国の女性教育の規範となった後漢の班昭(四五~一一七)の『女誡』でも強調された。なお著者の班昭は『漢書』を書いた班固の妹で、自らも班固が書き残した『漢書』の「天文志」と「八表」を完成、「曹大家《そうたいこ》」とも呼ばれ、中国を代表する儒教的賢夫人として名高い。この「三従」と「四徳」は、近代の新文化運動では批判の対象になった。

一般に儒教では夫が一方的に離縁できるものと思われているが、実際には規制を設けている。離婚してもよいのは、父母に逆らう、子が無い、淫乱、嫉妬深い、悪疾がある、おしゃべり、竊《せっ》盗《とう》する、という七つの場合であり、「七去」と言われ、離婚してはならないのは、帰る家が無い、三年の喪に服している、前は貧しかったが後に富貴になった、という三つの場合であって、「三不去」と呼ばれる(『大戴礼』本命)。ちなみに、結婚に関しても「五不取」と言って、五つの女子を娶らない場合がある。逆族の家、淫乱の家、罪人を出した家、悪疾のある家、男やもめの長女、である(同上)。最後のケースは、母親の教を十分に受ける機会が無いからだと言う。

また中国や朝鮮では再婚は厳しく咎められた。王蠋《おうしょく》は「忠臣は二君に仕えず、貞女は二夫に変えない」(『史記』田単列伝)と言い、北宋の司馬光もそれを引用、あるいは同内容を強調し(『資治通鑑』、「馮道為四代相」)、程頤は、未亡人がたとえ飢え死にしても再婚すべきではないとまで言った(『程氏外書』二二下)。特に程頤の言は近代以後も儒教の持つ封建的性格ということでよく言及される。それに対して日本では女性でも再婚が多く、熊沢蕃山(一六一九〜一六九一)などは堂々と肯定までしている。それでも儒教たりえているというのは、ここでも儒教の幅の広さが作用していると言えようか。

(3)実践道徳としての「信」

「信」は先述のように、仁、義、礼、智と並べられる場合と、これも先に触れた五倫のように朋友間で使用される場合がある。そして後者の「信」は相手に対する偽りの無い誠実さの意味に用いられるが、これが重要なのは、基本的に血縁の無い人間同志の間で成り立ち、しかも平等関係であることである。中国思想史上、平等論は多くはないが、朋友論は上下関係中心の儒教の内部で平等な人間の結合を語るものとして常に新鮮な息吹をもたらしてきた。

朋友関係に関係するものでは、「師友」という言い方があるように、儒教では師弟関係も重要である。そもそも孔子の学団においては家柄や血縁よりも学問や徳行の優劣によって序列が定められ、外の社会と別世界を築いていた。そこでの師弟関係と朋友関係は中国史上において画期的なものであった。『論語』学而の「朋の遠方より来たる有り」という語が意味しているのは、学問の場においては血縁や地縁と関係ない「遠方」から、学問のみによって結びついて「朋」が参集するということであった。先にも触れた黄宗羲の天下を媒介して君臣関係が結ばれるのならば臣は君の「師友」であるという議論も、この伝統が拡大した形である。

6 諸道徳の相克

忠と孝の箇所でも述べたが、どうしても道徳どうしが衝突する場合がある。忠孝のいずれを優先すべきかという問題以外のこのような代表的な例としては、孝と貞の相剋がある。孝とは親子関係、貞とは夫婦関係の場の実践道徳である。この両者の相剋というのは、例えば父と夫が争った場合、どちらにつくかということである。父を優先させる根拠としては、夫の候補者は無数にいるが父は一人しかいないという議論がある（『春秋左氏伝』桓公十五年、『史記』鄭世家）。しかしその一方で、先述の「三従の教え」のように嫁したら夫に従えという教えもあるのであって（『儀礼』喪服）、どちらを典拠とするのかで父につくか夫につくかの判断が異なってくる。このうちいずれを採用するかについては、儒者たちは案件の性格によって選択し、当然そこでは異なった見解が出てきた（前掲合山究『明清時代の女性と文学』では明代では貞を取る場合が目立つと言う）。

儒者は問題解決の際に、経書の語句を随時典拠として解決を図るが、経書の内容の雑多性のゆえに時に儒者によって意見が食い違うことが起こる。しかし逆に言えばこのことこそが、儒教の幅にゆとりを持たせ、儒教の硬直化を防いできたのである。

各層の複数の徳を仁を中心に体系化しようという試みは、儒教の中でなされなかったわけではない。しかし実際には経書の用例の雑多さがそのような体系化を困難にしてきた。そこでその状況を克服するために、経書群の中から中心に使用する経書を選択したり、一つの経書の内容でも理に合わないところを否定するということも行われた。しかし別の儒者は必ずしもその選択に従ったわけではなく、そこでそれをめぐってまた論争も行われた。このように経書の圧倒的権威と、経書の内容の雑多性が、経書をもとに立論する儒教の幅を広げ、内容を豊かにしていたのである。たとえば近代に康有為が『大同書』を著し、儒教の伝統を継承しながら中国近代の思想界に大きなインパクトをあたえられたのも、「大同」という理想的平等社会が『礼記』礼運に見えるからである。

なおここで儒教における徳の種類について付言しておく。上記以外にも重要な徳はあり、その例としては、「中」、あるいは「中庸」がある。この「中」には、「状況に応じて、過不及が無い中央に位置すること」と、「不動の中心に中《あた》ること」という両方の意味がある（「庸」は、平常とか恒常のこと）。「中」とか「中庸」というと一般には処世知のように思われがちであるが、道学（宋学）などでは、『中庸』（『礼記』中庸）をもとに、秩序と調和するという意味の「和」と関係づけられ、日常における意識の本来あるべき姿を示すものとして、思想的に深められた。また近年は現代的関心から儒教の文献から今まで単独ではあまり重視されていなかった徳目に脚光をあてることも行われている。それはたとえば先の「和」などであって、中国政府が唱道する「和諧社会」の精神と重ねて用いられたりするが、それでも基本的に経書に見える語句の範囲内に限定されている。道徳的リゴリズムで有名なのは朱子学であるが、その朱子学ですら、新たな道徳を発明したわけではない。朱子学の教理には、一つの状況にはただ一つだけ理（自然の法則・秩序であり人間の行為の準則である）があるとする。これは一つの状況に複数の理を認めないということであって、行為の選択の自由はここには無い。つまり朱子学が道徳的に厳格になるのは、新たな道徳を編み出したからではなく、既存の道徳の固定化の方式にあったのである。もっとも朱子学の元祖の朱熹自身は、そう簡単にあらゆる場合の理の内容を即断できるとは思ってはいず、性急な道徳的判断には慎重であったのであるが。

7　経と権

また徳どうしが衝突するのではなく、実践の場では、現状対応のために緊急避難的に通常の道徳に沿わない行為が承認されることがある。これが「権」である。たとえば兄嫁が溺れた時は、普段は触れてはいけない兄嫁の手を握って救出するようなのがそれである（『孟子』離婁上）。この『孟子』の場合は、「権」は「礼」に対して言われているが、普通は「権」は、次のように、通常の道徳的行為である「経」に対置される。「権とは経に反し、しかる後に善となる」（『春秋公羊伝』桓公十一年）。しかし「権」と「経」が反するものであるならば、「権」が「権」として承認できる根拠はどのように求められるのであろうか。程頤が「権を用いられれば道を知ることができるが、道は権と言うことはできない」(『程氏遺書』二二上)と言うように、「権」は結局は「道」につながることになるはずであるが、あらかじめ「道」につながることの予想はいかにして可能なのか。結局、判断や行為が「権」として承認しうる根拠をなかなか定式化できないという問題は残り、「権」の運用問題は後々まで引きずられることになった。

三　儒教における天の意味

1　天の概念の多義性

儒教が説く諸価値の源泉は、「天」であるが、その「天」とは神なのであろうか、それとも神格を持たないものなのであろうか。南宋の朱熹（朱子）は「蒼蒼たる天空を天と言う。また限りなく運行していくのも天である。いま天に善悪を裁く人格があるというのならばそれは不可であり、それでは全くつかさどるものも無いとは言えばそれも不可である。このことをよく了解せねばならない」（『朱子語類』一）などと言ったが、この語で重要なのは、天には単なる天空の意味もあること、一定の方向性は確かにあるのだが、神格は無いということである。

ただ儒教全般を見た場合、天の神の存在をうかがわせる例もある。天の神は「天帝」とか「上帝」とよばれるが、特に『周礼』や『詩経』では「昊天上帝《こうてんじょうてい》」と言う。それでは天帝は人間に直接何を語りかけてくるのであろうか。経書の中には神格による加護を言うことも見えるが、天が具体的せりふを発することは少ない。『論語』には「天は何を語っていようか」（「陽貨」）とあり、文字通り無口であって、基本的には天帝の意志は自然界や人間界の動向の中に現れるのみなのである。なお「天はそこで禹に洪範九疇（九条の天地の大法）を賜った」（『書経』洪範）のような語もあるが、天帝が禹にあたえた具体的情景描写は無い。この物言わぬ天は、聖書や仏典やコーランの物言う神と対比すると、その特色がよくわかろう。

このように天には、天空、天の神、そして自然界の理法、という複数の意味が含まれていて、これらのいずれの意味を中心に天を解釈するのかは、儒者の思想的個性に関係する。天は儒教において価値の源泉でありながら、このように意味の幅を持っているのである。なお朱熹は、天が見せるいくつかの側面は「それぞれの人が説く内容による」としつつ、天として「同じであるとしても、異なった面を持つことを妨げず、異なる点を認識しても、根本は同じであることを妨げない」と言いながら、分水嶺ではもとは一つの水が異なる方向に流れることを例としてあげることもある（『朱子語類』七九）。

また「天」に関しては、自然という意味があることも重要である。この用例は儒教ではなく道家の『荘子』などに早く見られるが、儒教でも取り入れていく。この自然という意味の天は、人間の内面の状況を示す語ともなる。『荘子』に「天は内にあり人は外にある」という語があるが（「秋水」）、これは「人為を加えない自然は人間の内面の本質、人為を加えた状態は本来的でない外からの借り物」という意味である。『荘子』では馬に荷物を運ぶための「おもがい（馬の頭にからませる綱）」をかけ、牛に鼻輪をつけるのを「人」とし、そのような装置をつけぬ自然のままを「天」としたが（「秋水」）、北宋から南宋にかけての儒者で道学に属する楊時（亀山、一〇五三～一一三五）は、前者のような家畜としての本来の姿こそが「天」であり、馬なのに鼻輪をつけ、牛なのに「おもがい」をかけるといった本来の働きにそむいている場合が「天」ではないとした（『語録』京師所聞）。この家畜の比喩によって、楊時は、当然行うべき人為や作為を「天」として、道家が人為や作為の無い状態を「天」と見なしたのに対抗したのである。楊時が属した道学では、人間の内面の自然は、人間として為すべき社会的行為を完璧に実践できる心の状態ということであった。いずれにしてもここにおいては、「天」は心の問題になっているのである。

以上のような様々な天、具体的に言えば、天空としての天、神としての天、理法としての天、内面の状態としての天は、並行して用いられていった。天と人の合一を説く場合でも、人間の行いに天が反応する天人相関思想という意味がある一方で、人間の内心が自然界の理法通りであるという意味もあったのである。宋代の道学は後者の意味で天と人の一体を言うことが多いが、宋以後も相変わらず天への祭祀は国家的儀礼として行われていくのである。

なお天に人格神的要素が希薄なのは、経書の中に神話が乏しいことにも現れている。中国古代における神話的世界を語る場合は、『楚辞』だの『山海経』だのが持ち出されるが、正統的な儒教の経書には極めて少なく、おそらく古代信仰の残滓と思われる経書に時として見える神格の加護にしても、体系化されて示されているわけではない。中国古代で神話が無かったわけではなく、ギリシャ・ローマや日本のように神話が体系化され経典化されなかったということが重要だという指摘があるが（松丸道雄「殷人の観念世界」、『中国古代と殷周文化』、東方書店、一九八九）、神話を儒教があまり必要としなかったのは確かであろう。明末に中国で布教したイエズス会の宣教師たちは、キリスト教の神と儒教の上帝を重ね合わせ、儒教と手を結んで仏教を叩こうとしたが、それが可能であったのは、儒教における神話の乏しさが、キリスト教の聖書と儒教の経書の内容調停を比較的容易にしたからである。もし儒教に神話が多ければ、それと聖書に見える奇跡の内容との辻褄をあわせなければならなかったであろう。

天はこのように幅を持つが、それをさらに統一的に説明するには、天を超えた高次元の原理や神格を持ち出すのが自然のように思える。しかし儒教ではそのようにはしなかった。あくまで「天」を出すに止め、しかもその「天」は、上記のような多様な意味を紡ぎ出せる幅を維持していったのである。

ところで天の機能において重要なのは、天の意向によって道徳内容が変更されることが無いことである。日常の道徳を遵守することが天の実現なのであって、いかなる時も天は道徳の内容の変更を要求することは無い。後述するが、親への孝を天は絶対に否定しないのであって、キリスト教の神が親をも超えて命を降すのとは異なるのである。つまり天とはそれ自体が特別な意味を持つということよりも、事物の自然な状態こそが理想的状態であるということ、そして道徳とは人間にとっての自然な状態であることを権威づけるために機能しているのである（なおこの「自然」とは現状追認ということではなく、本来的あり方としてのものである）。自然が理想的な状態である以上、キリスト教の造物主のようなそれを超えたものは必要とされないのであって、イエズス会のマテオ・リッチ（利瑪竇）は『天主実義』でこのことを嘆じている。つまり天があるゆえに、天より高次の神格は登場しえず、それは時に過度な宗教的要素が入り込む防波堤にもなるのである。

なお天の概念はこのように幅を持つが、時に神秘的傾向を持つ議論が出ることがある。たとえば前漢から見られ、後漢の鄭玄が整理した、王者の祖先は天の五帝（蒼帝、赤帝、黄帝、白帝、黒帝）のうちの一つの精に感じて生まれたという「感生帝」の説などである。また明代の中後期には儒教も神秘的なものを許容する傾向が見える。たとえば王守仁（陽明）のライバルである湛甘泉の弟子にあたる唐枢（一菴、一四九七～一五七四）などは大乙（太一）元神（儒教系の神格とも言い難いが）を崇拝し、江戸時代の中江藤樹に影響をあたえている（なお朝鮮王朝の朱子学者である曺植《チョシク》（南冥、一五〇一～一五七二）も「太一神君」を崇敬する）。そのあたりをもって儒教の宗教性を強調する議論があるが、その傾向が全時代を覆っているわけではないこともあわせて注意しておきたい。

2　政治的天と内面的天

さてここで儒教における天と人の関係について、見ておきたい。
儒教においては天人相関思想が大きな柱になっていたが、戦国時代の荀子のように天人分離論もあった。これは単純に天を無視するということではなく、天を必要以上に人為に介入させないという態度である。北宋の欧陽脩は天を過度に重視することを戒め、続く王安石は、天を敬いはするが政治の原理とすることは否定した。例えば災害があるのが失政のせいだとすれば、聖人天子である舜の御代に禹が黄河の反乱を治め功績をあげたというのはおかしいことになる。禹が聖人で完璧な統治をしていたのであれば黄河の氾濫という天災はありえないはずだからである。ただ主流としては天人相関思想は儒教の柱の一つであった。それは天子であることの根拠に天命が降ったということがあるのが大きい。実際には武力で天下統一を果たしていても、理論上は天命を受けたということになるのであって、天と人を切り離してしまうと天子たることの正当性の保証を得難くなるからである。

ところでこの天人相関には、全体レベルと個人レベルとがある。『書経』に「福善禍淫」という語があるが（「湯誥」）、これは「善には福があり、淫（悪）には禍がある」という意味であって、両方のレベルで常用された。個人レベルとは言うまでもなく個人の善悪の行為が禍福となってはねかえってくるというものであるが、全体レベルの方は、よい政治が行われれば、天候は順調、失政の場合は天災が起こるというものであって、天が具体的な災害を降して人間を譴責するというこのような思想を天譴思想《てんけんしそう》と言う。この政治の善し悪しが自然の運行にまでも作用するという思想は、政治をとりしきる皇帝の絶大な権力を言うように見えながら、実際には同時に皇帝に警告をあたえるきっかけを提供することとなる。自然界の天候不順はしばしば起こるのが普通であって、そのたびに政治をチェックすることは、そのチェックということ自体を恒常化させることになるからである。つまりこの思想は天を借りて野放図にひろがる皇帝権力を規制するという効果も持ったのである（皮《ひ》錫瑞《しゃくずい》（一八四九～一九〇八）『経学歴史』経学極盛時代）。

このような天人相関思想は、時《じ》令《れい》思想という形ともなって現れた。時令とは、時（季節）ごとに下されるべき令（政令）であって、たとえば春は万物が生育する時期であるから孟春の月（一月）は軍事を起こしたり、夏の政令を行ってはならない、起こせば天の禍があるというようなことである（時令文献の中で儒教の経書として重要なのは『礼記』月令）。戦国時代末から漢代にかけて見られるこの思想は、後世はそのまま信じられていたわけではないが、一部は儀礼化されて継続した。

以上は外面的な天であり、それは政治と結びついているのであるが、その天が人間に付与されたのが内面的な天である。『礼記』中庸に「天が命として人間に付与されたものが性」であるという語がある。性とは人間の本性のことであるが、それは内面化された天であった。天は価値の源泉であるから性は善なるものとなるわけであって、儒教の主流である性善説はここに論拠を持つ。

このような人間の価値の源泉としての天は単なる天空であるわけではない。また具体的な神格でもない。やはり理法としての天であって、人間の本性は自然界の本来の波長を体しているということなのである。天人合一が政治と自然界の関係のみならず人間における自然界との一体の意味を持つのも、このような内在する天と外界の天が一体化するからである。

溝口雄三氏は小島毅氏の議論をもとにして宋代からの天観の変容を言った（まとまった形のものとしては戸川芳郎・蜂屋邦夫・溝口雄三『儒教史』、山川出版社、一九八七。なお小島氏自身の天観の変容についての見取り図は、小島毅『宋学の形成と展開』、創文社、一九九九）。それまでの政治の善悪に直接反応する天から、理法としての天へと、天に対する見方が変わったとするのである。全体としてこのような傾向があるという指摘は重要であるが、あわせて宋以後も相変わらず政治と天の関係を前提に朝廷の祭祀は行われ、理法としての天を強調した道学も、人間から発する気が自然界の気とも感応することから政治と天の感応関係も認めていることにも注意をしておく必要があろう。筆者としては、道学の特徴として、天人合一を人間の心と外界の一体化という意味へと引きずり込んでいったこと、そしてかかる内心と外界の関係の重視には仏教、特に禅宗からの刺激があるということを強調しておきたい（拙著『道学の形成』、創文社、二〇〇二）。

3　儒教は宗教か

(1)宗教と非宗教

儒教は宗教かという問いかけは以前からなされてきた。従来は儒教は宗教ではないという意見の方が主流であって、明治時代の西村茂樹は宗教を「世外教」、哲学を「世教」としたうえで、儒教を世教とした（『日本道徳論』）。中国でも儒教を宗教としては見ないという立場の研究者が多く、今でもその状況はあまり変わらない。それに対して、日本では山下龍二氏、加地伸行氏、中国では任継愈氏およびその後継の中国社会科学院世界宗教研究所の学者などが儒教は宗教であるとし、特に加地氏の著作は日本で広く読まれている（『儒教とは何か』、中央公論社、一九九〇、『沈黙の宗教――儒教』、筑摩書房、一九九七）。

儒教の宗教性を言う論者は、経書の処々に見える祖先崇拝、古代の神霊崇拝の残滓、儒教が規定している種々の祭祀の存在、それに明の中期から社会一般に広がった宗教的あるいはオカルト的なものに対する関心や許容などを持ち出すことが多いが、通時代的に見た場合、これらをもって儒教を宗教と即断はできない（これらのうち特に重要な先祖崇拝や祭祀については、後で順次検討する）。儒教非宗教論のごく一般的な例を挙げると、儒教が宗教か否かという問いは、近代日本を代表する実業家である渋沢栄一の『論語講義』にも見え、渋沢は、井上哲次郎が「孔子の教はなかば宗教で、少なくとも宗教らしいところがある」と言い、それに対して阪谷芳郎が宗教ではなくして実践道徳であると反駁したのをあげた後、孔子が天を深く信じそれを信条としていることを認めつつ、自分自身は孔子の教を宗教としては信じてはいないと言っている。渋沢の例が学者のそれではないと言うのであれば、和辻哲郎が、東西にわたる学識をもとに、孔子が釈迦やイエスと異なり「宗教的な意味で絶対者に触れること或は絶対境に悟入することは彼の問題ではない」と言い、「彼が天を言うにしても、それはソクラテスのダイモンや神託ほどにも宗教的色彩を持たない」とした例も挙げておこう（『孔子』、岩波書店、一九三八）。

宗教の定義次第で宗教の幅は変わるが、それでもキリスト教や仏教を宗教ではないとする者はいないであろう。それに比して儒教に関してこのような議論が行われること自体、儒教の特色と言えなくもない。儒教とは時に宗教とも見え、時に非宗教とも見える思想なのである。このことは、明末以後に西欧から中国にやってきたキリスト教の宣教師たちの間でも、中国哲学を有神論と見るか無神論とするかの見解が分かれたことにも現れている。有神論としたのはマテオ・リッチ、プロスペル・イントルチェッタ、フィリップ・クプレ、無神論としたのはニコロ・ロンゴバルディ、サンタ・マリアなどであった（井川義次『宋学の西遷——近代啓蒙への道』序章、人文書院、二〇〇九）。

（2）祭祀

儒教においてその宗教性として持ち出されるのは、祭祀の施行であるが、そこには国家祭祀と個人祭祀の両者がある。

まず国家祭祀であるが、天を祭るのは皇帝である。つまり地上のヒエラルキーが天地万物の祭祀にも反映しているのである。そこには祭祀による自然界からの恩恵の期待以上に、地上のヒエラルキーと自然界のヒエラルキーが並行していることの確認という意味あいが強い。

天の祭は天子だけが行える。「天子は天地を祭り、四方を祭り、山川を祭り、五祀を祭り、歳ごとに徧《あまね》し（毎年遺漏が無い）。諸侯は方祀し（それぞれの方角を祭り）、山川を祭り、五祀を祭り、歳ごとに徧し、大夫は五祀を祭り、歳ごとに徧し、士は其の先（父祖）を祭る」（『礼記』曲礼 下）、「天子は天を祭る」（『春秋公羊伝』僖公三十一年）、「聖人だけが帝を饗することができ、孝子だけが親を饗することができる」（『礼記』祭義、ここの「聖人」とは天子のことであり、「帝」とは天帝のことである）。「天子は天地を祭り、諸侯は社稷を祭り、大夫は五祀を祭る」（『礼記』王制）。

これらの引用文に見られるように、祭祀は、天子・諸侯・大夫、士という実社会のヒエラルキーに並行して行われる儀礼であることが重要である。このような祭祀において常に問題にされるのは、諸侯なのに僭越にも王の祭祀を行ったというような、それぞれの分を逸脱したか否かということである。そこで展開されている議論を見ると、祭祀の効果以上に、人間界の身分秩序に関心をもたれている感は拭えないのである。

ところでこのような祭祀における社会的な身分秩序に対する重視からすると、個人間の礼法にも祭祀と同じ精神があるとも言えるし、祭祀を行う際にも個人の礼法的な意識があるとも言えよう。もちろん単に儀礼を実行することだけが目的ではなく、これによって人と天地が感応し、陰陽が調和し稔りをもたらすということが期待されていて、そこには天人相関思想がある。ただ問題なのは、これが社会安定のためのものであって、個人の魂の救済と直接に結びつくような性格のものではないことである。天、国家、社会規模の祭祀は、階層秩序をそのまま反映し、祭祀側の階層の高下と祭祀対象の大小が相関していることが重要なのである。このような国家主導の祭祀秩序には、自然界の健全な運行が維持されることによる天下の安泰、祭祀関係の礼秩序の維持というような社会的効果が第一に期待されている。またこれは、国家が管理する祭祀体系以外の宗教的要素の増殖の歯止めをかけること、つまりいわゆる「淫祀」の取締りにつながるものであった。

個人に関わる儒教の祭祀としては、それぞれの家で行われる父祖の祭祀である。先に引用したいくつかの経書の文からもわかるように、天子から大夫までは父祖以外のものも祭るが、士となると自分の父祖だけが祭祀の対象であった。万人共通の祭祀は父祖に対するものであって、個人が個別に天の神に向きあうというのではなく、家族の血の流れを基礎に個人の意味を考えるのである。

儒教では個人祭祀の場合にも、家族を媒介とする。個人が個人として天なり神に向かい合うという場面は多くはない。もっとも『論語』に見える孔子は、時に天に祈り、時に天に失望し、また天に過剰な期待を持たぬ態度も見せる。これらの揺れ動きは、キリスト教風の懐疑と信仰のせめぎあいというのとはいささか質を異にするように思われるが、少なくとも個人として天と対峙しているようには見える。しかしそれが個人の魂の救済という形で儒教の長い伝統となりえたかというと、疑問を禁じ得ない。

また儒教においては、祭祀を行っている時になって、初めて祭祀の対象は反応してくるのであって、対象側が随時人々に働きかけていくのではない。朱熹は次のように孔子像の安置の必要性をも否定した。「楊長孺はそこで、孔子を祭るには塑像によるべきではなくただ木主を使用すべきではないかと言った。（朱熹先生は）言われた。以前、白鹿洞書院で孔子の塑像を殿内に作ろうとしたが、私は、その必要は無い、ただ空《から》の殿宇に臨時に席を設けて祭ればよいと言った。そうではなく孔子の塑像を作って地下に置いておくなら、籩豆簠簋《へんとうほき》（いずれも供え物を盛る器）などの祭器も使うことになろう。もし塑像を高々と上に安置し、器や皿を地に並べるならば、それは何の道理も無い」（『朱子語類』三）。つまりたとえ孔子の霊と感応するにしろ、祭祀が終わったら没交渉であって、祭祀に関係無く孔子の神格が向こう側から働きかけてくるということを期待していないのである。ここにも祭祀があるからといって儒教を単純に宗教と即答できない所以がある。

また朱熹は『詩経』大雅の「文王」の詩の「文王は天地を上り下りし、上帝の左右にいます」について、「もし文王が本当に上帝の左右にいるとか、世間の塑像のような上帝がいるとか言うのであれば、もとより誤りである。しかし聖人がこのように言うからには、そのような理はある」と言い、「理」を持ち出すにとどめ、天上に文王や、塑像のような上帝像は否定する（『朱子語類』三）。なお続けて朱熹は、『書経』金縢《きんとう》にある周公が病気の武王の身代わりになることを天に祈る件についても言及し、そこではこの祈りが神霊に対していることは認めているが、それ以外は周公の祈りの文言の解釈を述べるにとどまっている。先述のように経書に神霊信仰の名残はあっても、朱熹はそれを体系化して教説の中心に持って来ることはしないのである。

個人にとっての天の実現は、何といっても道徳の実践であった。たとえば「父は子にとっての天」であって、孝の実践こそが天の実現なのである。そこに敬虔の感情があることは否定しないが、それだけでは宗教性を言うには十分とは言えまい。儒教が国家や地域の祭祀を説くことをもって儒教の宗教性を説く議論がある一方で儒教非宗教論が根強く存在するのは、やはり単独者としての個人の霊魂の救済のための祭祀が弱体であるからであろう。

(3)個人にとっての「天」

個人にとっての天とは、直接の祭祀の対象ではなく、人倫を行うことであったのは次の語に端的に示されている。「それゆえ父は子にとっての天であり、夫は妻にとっての天である」(『儀礼』喪服)、「臣で君が無いのは、天が無いようなものである」(『礼記』曲礼下の鄭玄の注)、「父は子の天、君は臣の天、夫は妻の天」(宋・李如圭『儀礼集釈』)、「臣は君を以て天とし、子は父を以て天とし、妻は夫を以て天とする」(新井白石『西洋紀聞』下)。天と一般の宗教における神との違いは、上記の引用文中の「天」を「神」と置き換えてみた時に生じる違和感からも理解されよう。

儒教の天の概念の特質は、道徳以上のものを持ち込めないように作用することである。また天の名のもとに、道徳が変更されることも無い。たとえば忠孝の根拠として天が言われる場合、この天は忠孝の絶対性を言うためのものであって、天が忠孝を左右するということはない。そこがキリスト教と異なるのであって、キリスト教でもモーゼの十誡のように親へ孝を尽くすことが出てくるが、神はそれを超えた存在なのである。それに対して、儒教は孝の価値を弱める存在は認めない（後藤基巳「十戒の中国的展開——中国キリスト教思想史に関する一考察」、『白百合短期大学研究紀要』一、一九五五、『明清思想とキリスト教』所収、研文出版、一九七九）。というよりも、天の意志と孝が矛盾する事態などは最初から想定しないのである。

明末に中国で布教したイエズス会のマテオ・リッチ（利《り》瑪《ま》竇《とう》、一五五二～一六一〇）は、中国人向けの著作の中で「子が上の命（神の命）を聴くのであれば、下（父）に逆らっても孝であるのを損なわない」（『天主実義』第八篇）と、子が神の命令に従う場合は、父に逆らっても孝であると明言している。『新約聖書』の「使徒行伝」の「人に従うよりは神に従う」ということのような立場は、儒教とは結局は対立せざるをえないものであった。儒教の人倫主義というのは、人倫を超えた権威を見ないということなのであって、天とはひたすらその人倫の権威を保証するものなのである。

4　死への対処

(1) 葬礼

以上のように、儒教において個人の祭祀で重要なのは、直接に天に対するものではなく、父祖の霊を対象にする祭祀であった。その父祖に対する祭祀に先行するものとして親の葬礼があり、この葬礼と祭礼は礼の中でもとりわけ重要なものであった。そもそも礼の中に祭祀が含まれているということ自体が、儒教の宗教性を論ずることを困難にしている。これは祭祀を礼という日常に引きずり下ろしているとも、日常の礼を宗教化しているとも言えるからである。

もともと宗教は深く死と関わる。隠れキリシタンが発覚した時は、しばしばその葬儀の特異さが見とがめられたのが発端であったように、人がどの宗教を信じていたかは葬儀の方法を見れば見当がつく。それは、それこそが宗教としてゆずれない場面だからである。そこで儒教の葬礼と祭礼を見ておきたい。

儒教の葬礼の例として、後世圧倒的な影響力を持った『文公家礼』四「喪礼」の内容の項目のみあげるとこのようになる。

初終　［第一日］（哭　復　治棺）
沐浴　襲　奠　為位　飯含
霊座　魂帛　銘旌
小斂　［第二日］　袒　括髪　免　髽《さ》　奠　代哭
大斂　［第三日］
成服　［第四日］
朝夕哭奠　上食
弔　奠　賻《はく》
聞喪　奔喪

治葬　［三ヶ月］
遷柩《きゆう》　朝祖　奠　賻　陳器　祖奠
遺奠
発引
及墓　下棺　祀后上　題木主　成墳
反哭
虞祭
卒哭　（ここで凶祭が吉祭となる）
祔
小祥　［十三ヶ月］
大祥　［二十五ヶ月］
禫　［二十七ヶ月］

まず遺体を部屋の中に安置し、すぐには地中に埋葬しない。最初に行うのは「哭」で、これは声をあげて泣き、哀悼をあらわすことである。それから「復」を行う。これは故人が着用した上着を侍者が持って中霤《ちゆうりゆう》（部屋の中央の明り取りで、雨受けがあり、土神をここに祭る）に登り、北に向かって衣を振りながら「某人（死者の名をここに入れる）復《かえ》れ」と三回呼ぶことである。そして喪主を立て、棺の準備等を進める。

逝去の翌日には、死者の衣服を改める「小歛《しょうれん》」をし、その翌日には棺に入れる「大歛」をする。さらにその翌日には喪服を着る。この喪服は、喪の重さによって厳密に定められている。親が死んだ時は斬衰《ざんさい》という喪服で、これはふちを縫っていず、深い悲しみをあらわす。その次に重いのが剌衰《しさい》で、これはふちが縫ってあり、斬衰より気持ちのうえで余裕があることをあらわす。

埋葬は三ヶ月後に行う。昔から民間では風水を見たりしてよい日を選び埋葬するということが行われていたが、『文公家礼』はそれを否定し、規定通り三ヶ月を守ることを求める。

埋葬の前に位牌を作る。この位牌は「神主」あるいは「木主」と言う。遺体の霊魂は魂と魄に分かれ、魂は天にのぼり空中を飛んで神主に宿り、魄は大地に帰っていく。家には廟を作り、そこにこの神主を置いておくと、魂が宿る。中国人は墓を盛大に作りたがるが、祭祀の中心はむしろ神主（位牌）である。

人体には魂と魄があり、魂は陽の気、魄は陰の気である。次の語が示すように、魂は感覚器官や心の活発な作用で、魄は記憶など沈潜していく作用と作用の母胎である。「人が思慮し計れるのは、魂のなせるわざである。記憶し弁別できるのは、魄のなせるわざである」（『朱子語類』三）。陽の気である魂は軽く上昇し、それを神主に移す（陰の気である魄は重く地にしみこんでいく）。ここで魂が乗り移った神主が家廟に安置されることになり、これ以後の礼拝の対象は主として家廟にある神主である。

さて、遺体を墓に埋葬してから帰宅し、その日のうちに「虞《ぐ》」という祭を行う。喪主以下みな沐浴して供え物をし、祝が神主を座に出して主人以下はみな入哭し、神（死者の魂）をそこにおろす。この日の後の柔日（乙、丁、己、辛、癸の日）に「再虞」し、さらに剛日（甲、丙、戊、庚、壬の日）に「三虞」を行う。その後の剛日に「卒哭《そつこく》」する。ここで凶祭が吉祭に変わる。その翌日に神主を祀堂《しどう》に安置するがこれを「祔《ふ》」と言う。個人の死を悼む葬礼から祖先以来綿々と継承されてきた祭祀の段階に入っていくのである。

(2)祭礼

そこで儒教における祭礼であるが、『文公家礼』五「祭礼」によると、一年の間に次のような形で行われる。

四時祭（仲月）

　四季の祭で、仲月、つまり二月、五月、八月、十一月に行う。

初祖（冬至）

　初祖に対する祭で、本家だけが行う。

先祖（立春）

「先祖」とは五代以上前の祖先。ふだんは四代前までを祭るが、立春にはそれ以前を祭る。

禰《でい》（季秋）

「禰」とは無くなった父。季秋、つまり九月に祭る。

忌日

忌日に死者を祭る。日本では墓参りをするが、ここでは祀堂で行う。

墓祭（三月上旬）

墓での祭は、三月上旬に日を選んで祭る。

これらは季節に行う祭だが、それ以外に毎日の礼拝がある。それは『文公家礼』一の「通礼」によるとこうなる。各家庭では祀堂を正寝（中央の建物）の東に作り、そこに四龕《しがん》（四つの箱）を作って神主を安置する。主人は朝礼拝し、出かける時と帰宅した時に必ず報告する。正月、夏至・冬至、朔日（一日）・望日（十五日）にはおまいりをする。

（3）養子の否定

故人の子供が神主に対して礼拝をすると、子供の気が発して、位牌にある故人の魂と感応する。中国や朝鮮では養子を忌避する。それは親の気が子に伝わるゆえに親と子は気が同じであって（「父子一気」）、それゆえ子の気に故人の気が感応できるからである。養子では気が異なってしまうので感応できない。どうしても子供ができない時は甥を養子にするが、それは甥ならば気はつながっているからである。

儒教ではこのように養子を忌避する。中国では男子を生むのを必須とする。女子は嫁に行き実家の祭祀には参加できない。血のつながった男子を代々生み、祭祀を継続させることこそ、父祖の魂の活性化を保証するものであった。もし男子がいなくなれば礼拝してくれる者がいなくなり、それゆえ故人の魂も反応のしようがなく、無と同じになってしまう。「不孝に三種類がある。その中では後継ぎがいないのが最も大きい」(『孟子』離婁 上)というように、男子を作れないのが最大の不孝であるのは、男子の祭祀が途絶えると、自分も自分の父祖も魂が活性化できなくなるからである。なお日本では平気で養子を取り、そこには中国と日本の家族形態の差があるが、この問題については後述する。

(4)死の物理的説明

神主の祭祀によって、父祖の魂が感応するとはいえ、それでもいつかは神主に宿った魂気は薄れていく。それゆえ一定期間を経た神主はその他大勢の神主とともに一括されてしまう。これら一括された神主はまとめて祭祀の対象となるものの、始祖以外は新しい神主のように個別には礼拝されない。つまり実際には限りなく無に接近していくのである。それでも痕跡は必ず残るとは言うが。

儒教のこのような考えの特色は、死後の世界も、魂の再生も、語らないことである。儒教では天国も地獄も説かない。あの世の具体的描写も無い。また仏教の輪廻転生のような生まれ変わりも無い。道教のように永遠の不死を得ることも説かない。確かに死後も魂の存続は説くが、それも無に接近していくのであって、それに対しての心理的安定は得難い。

もう一方では自分の気は子孫に伝わっていき、そこに永遠性を感じるということもあげられてきた。自分の肉体は「父母の遺体」（父母が残した身体）である（『礼記』祭義）。『孝経』の有名な「身体髪膚《はつぷ》は、父母から受けた。それを傷つけないようにするのが、孝行のはじめである」という語もこのような思想による。

ただそもそも死の恐怖とは自分の意識が無になることになるのであって、家族という集団に自分の意識が解消されてしまうこのような理屈ではやはり説得力は今ひとつ強くはない。また後世の魂魄論はともかくも、経書に書かれている葬礼の理由づけは、多くは生き残った者の倫理的態度に終始し、死者の魂の鎮魂はあまり問題にされていない。朱熹などの魂魄論にしても、陰陽の気の物理的反応に押し込めてしまっているとも見える。三浦国雄氏は朱熹らの鬼神論（霊魂論）を「鬼神の自然化」と評したが、ゆえあることである（『朱子と気と身体』、平凡社、一九九七）。

そもそも死者の魂が果たして生きている人間と同じように知覚を持っているのかということについても、儒教ではかなり曖昧である。たとえば『説苑《ぜいえん》』弁物（『孔子家語』致思第八にも採り入れられている）ではこのように言う。「子貢が孔子にたずねた。『死人に知が有るのでしょうか、無いのでしょうか』。孔子が言われた。『私が死者に知が有ると言うなら、親孝行な子や孫が生を軽んじ進んで死を送ることが懸念されよう。もし知が無いと言うのなら、不孝な子や孫がうち棄てて葬式を出さないことが懸念されよう。汝は死人に知が有るのかはたまた無いのかを知ろうとしているが、おいおい知ることになってもおそくはない』」。また『礼記』にも次の文がある。「孔子が言われた、死を送る際に、死んでしまっている（知覚が無い）ときめつけるのは不仁であってすべきではない。死を送る際に、まだ生きている（知覚がある）ときめつけるのは不知であってしてはならない」（「檀弓　上」、なお（　）内は鄭玄の注によって補った）。知覚の有無自体よりも、どちらかを採用した場合の効果の方を問題にしている議論であって、類似の内容は儒教のみならず、『墨子』や『韓非子』にも見られる。

もともと死についての議論は二つの場面がある。一つは死という現象の物理的説明、もう一つは死の恐怖をいかに乗り越えるかという心理的説明である。儒教の場合、前者は気の集散で説明する。人間は気が集まって生まれ、散ずれば死ぬ（これは儒教以外、たとえば道家の『荘子』知北遊にも見える）。気とは生命力的エネルギーである。気が散ずるというのが陽の気（魂）と陰の気（魄）の分離なのである。そのことを朱熹はこのように言う。「人が生れるわけは、精気が集まるからである。人が死ぬ時は、熱気が上に出るが、これが『魂が昇る』ということである。下半身がしだいに冷えるが、これが『魄が降る』ということである。だから生があれば必ず死があり、始めがあれば必ず終りがある。そもそも集散するものが気である。理となると、ただ気のうえに泊まり、もともと凝結して一物となるようなものではない。ただ人にとってかくあらねばならぬということが理なのであって、集散を言うことはできない。しかし人は死んでその気も結局散っていくが、すぐに散り尽くすのではないのであって、それゆえ祭祀をすると反応するという理があるのだ。世代の遠い先祖は、気の有無を知ることはできない。しかし祭祀を奉ずるのがその子孫であるからには、とどのつまりは一気にほかならぬのだから、感通の理がある。ただ散ってしまった気はもとのように集まらない。仏教徒は逆に人が死ぬと鬼（霊魂）となり、鬼はまた人となると言う。そうならば、天地の間には常に多くの人が行き来しているのにすぎなくなり、造化の生生にそわないことになるのであって、決してこのような理は無い。伯有が祟りを起こしたことについて、程頤（程伊川）はこれはこれで一つの道理があると言った。やはり気が尽きるべきでないのに横死した場合は、当然祟りをなしうるのである。子産が彼の跡継ぎを立ててやって、落ち着き先があるようにさせたので、その結果祟りが無くなったが、これによっても鬼神のありようがわかる」（『朱子語類』三）。

(5)死の心理的超克

それでは儒教の後者の方、つまり死への恐怖の心理的克服の議論はどのようなものであろうか。実はそれはあまりはっきりしないのである。北宋になり、程頤や張載はこの問題に挑んだ。程頤は次のように刻々と自然になりきることで、万物との一体を実現し、常に万物と一つであることによって永遠性を獲得しようとした。「一株の樹は、春に花咲き秋に枯れるのであって、これが恒常の理である。もし花が咲きっぱなしであれば、こういった理は無く、むしろ偽りである。いま仏教徒は死を恒常の道理と見なさないが、死があることこそが恒常の道理なのであって、死が無いというのはむしろ恒常の道理ではないのである」（『程氏外書』一〇）。また張載は個人は気の海に浮かぶ氷やあわのようなものであって、死ねば海に溶け込むのであるから、個人としての意識を離れ万物と一体になることによって永遠性を得られるとした。「海水が凝固すれば氷となり、浮いてくるのは漚《あわ》である。だが氷の持ち前、漚の本性が存しようと亡ぼうと、海は関与しない。このことを推せば死生の議論を究められる」（『正蒙』動物篇第五）ただいずれにしても来世も再生も不死も説かない中での解決法であって、一般人の生存欲をなだめるのにはかなり困難な理論である（土田健次郎『道学の形成』第五章第三節）。

そもそも『論語』に、孔子の弟子の子路が鬼神（霊魂）に仕えることをたずねた時、孔子が言ったという語をのせる。「まだ人につかえられないのに、どうして鬼につかえられようか」。子路はさらに踏み込んで死についてたずねた。それに対して孔子は、「まだ生を知らないのにどうして死を知ろうか」と答えた（『論語』先進）。これによれば孔子は死については関心が低かったことということになるし、事実儒教は死の問題を語りたがらないと見なされてきた。それに対し、杜維明氏や加地伸行氏は、この語はむしろ死の解決法を孔子なりに言ったものだとする。つまり人間の生を理解し、その延長で死がわかるということなのであって、生と死を連続的に見る儒教ならではの生死観だとするのである。たとえば孝は生存中の親に対してのみならず死して後も祭祀として実践される。孔子は孝について問われた時に、「生きているうちは礼でつかえ、死しては礼で葬し、礼で祭る」と言っている（『論語』為政）。

ただ死の問題を出すと仏教におくれをとるとか、儒教の経書に死の議論が無いのは儒教の聖人たちが死の恐怖を乗り越えていたからだなどということを儒者たちは言う。特に仏教と対比した場合、儒教の経書に自分自身の死への対処に直結するような記載が無いということは明確に自覚されていた（たとえば馬永卿輯『元城語録』上に載せる司馬光の語をもとにした劉安世の議論、『程氏遺書』一にのせる程顥か程頤どちらかの語、朱熹「跋鄭景元簡」）。

このように死の恐怖への心理的説明については儒教側が弱いという自己認識は持たれていたのである。それに対して仏教は「無常迅速、生死事大」と言い、死の問題を持ち出すことで人々を勧誘し続けた。宋以後、儒教が活性化したが、それでも仏教や道教がそれなりに存続していった原因の一つがここにある。儒教的規範にのっとって家廟で父祖の位牌を礼拝している士大夫たちも、目の前に死がちらつく時には寺院に足が向いた。各教派はそれぞれ自己主張をするが、一般人はそれを選択的に受けいれていた面も見逃してはならない。複数の思想、宗教が並存する中国や日本においては、思想の発信側のみならず、受信側の状況も見ておく必要がある。

四　儒教思想の基本型

1　陰陽、五行

儒教の天についての議論を見てきたが、そもそも儒教はこの自然界をどのように分析するのであろうか。

儒教の自然観も他の思想と同じように陰陽と五行を使用する。陰陽と五行は中国の戦国時代ころから見え始め、特定の学派のみならず多くの学派に取り入れられていった。中には特にこの方面に個性的な理論を立てる者もあり、後には陰陽家などと分類されたりしているが、むしろ陰陽五行は学派を超えて受容されたのが特色である。いわば自然科学がイデオロギーの別なく取り入れられるようなものであろうか。

まず陰陽であるが、これは明るく動的な面、暗く静的な面を示す原理である。この二概念は陰から陽へ、陽から陰へと相互に変化していくものとされ、また陰と陽とは反応しあうものとされるようになる。前者は「消長」であり、四季のめぐりなどが好例である。後者は「感応」であり、男女の感応により子供が生まれるのがモデルである。この相互変化と相互作用という性格を持つことによって、陰陽は万物のダイナミックな様態を把握する原理に成長していったのである。

次に五行は、木、火、土、金、水である。もとは人間生活に必要なものを言ったとされるが、万物を構成する素材を示す概念になっていった。またこれらは素材であるが、同時にそれぞれのものが持つ特性に象徴されるエネルギーという意味も持つ。

陰陽は関係概念としての性格が強いと言われる。つまり固定的に陰陽があるのではなく、物と物との関係が陰陽として捉えられるのである。たとえば老人男性は男女関係からすれば男で陽であるが、少年との関係では成長が停止しているがゆえに陰と捉えうる。それに対して五行の方は、木は何に対しても木であるというように、比較的固定的である。陰陽と五行の並行利用は、片方が二、もう一方が五という数字であり、それを組み合わせることで自然界の多様なありようの説明がしやすいということもあって、自然界の原理として定着した（なおこの陰陽五行は人事についてもあてはめられた。自然界の事物と同様に人間どうしも感応しあうのである）。

先に述べたようにこの陰陽五行の使用は儒教に限定されていたわけではないが、儒教ではこれ以外の原理を用いることは稀であった。そしてこの陰陽五行を自然界の説明原理とするということは、万物の構成原理の究明をつきつめていくよりも、現実の事物の作用や運動の様態の方に関心が向く中国的思考をよく反映していると言えよう。ちなみにジョセフ・ニーダムは、中国に原子論が入る機会はあったが、定着しなかったと言う（鼎談「中国の思想と科学」におけるニーダム

の発言、『世界』一九七一年一一月号、岩波書店）。

この陰陽五行は気であるとされる。気とは万物を構成する物質であり生命力的エネルギーであって、ニーダムは気を matter=energy とする。なお中国のみならず近代以前のヨーロッパでも物質とエネルギーを分ける発想は乏しく、万物の原質は時には物質、時にはエネルギーとして立ち現れるものであった（ジョセフ・ニーダム著、吉川忠夫他訳『中国の科学と文明』三（思想史 下）』、思索社、一九七五。原書は Needham, Joseph. *Science and Civilization in China, vol.2: History of Scientific Thought*. Cambridge University Press, 1956）。もともと気、陰陽、五行は別個に登場してきたが、これらが関係づけられることによって、中国の自然理論は豊饒になった。これらによる宇宙生成論とは、細胞分裂のように、一気が分かれ、陰陽となり、さらに五行となり、次第に万物を生じていくというものである。ここでは造物主である神は登場しない。イエズス会のマテオ・リッチは、中国人は本当の無を知らないとしたが、それは中国における無が渾沌という意味だからである。枠組の無い渾沌たる世界は、枠組が無いゆえに個別認識が成り立たず、それゆえ無なのである。それに対してリッチは、造物主である神が無から有を創造したとし、このような神であるからこそ、現在の世界にも超越的に関わるとした。陰陽五行理論にのっとる限り、キリスト教的な神観念の受容は困難をきたすのである。

天の問題も陰陽五行理論と深く関わる。天と人が感応するということは、人と自然界それぞれの陰陽五行が感応するということである。政治が歪めば陰陽五行の気が乱れ、それが自然界の陰陽五行の気に影響して災害が起こるのであって、その意味では他宗教のように神が超越的に神の文脈で災害をくだすのとは異なり、むしろ物理的とさえ言えるものなのである。もっともこれには二つの見方ができる。一つは神秘的現象を合理化しているという見方、もう一つは日常的エネルギーが神秘的現象にまで及ぶという見方である。儒教は日常の運動作用は全て気のエネルギーであるとし、道教は気のエネルギーを最大限に利用して、不死までも実現しようとした。気が日常的か神秘的かと言えば、立場によって異なるのであって、儒教の場合は日常化する方向が強いが、儒教内部でもまた分岐がある。たとえば天人相関を説いた儒教文献の中に「天戒」というものが出てくるが、これはあらかじめ天が人間に警告をあたえるのであって、神秘的と言えなくもない。しかし朱子学など近世の儒教とはあくまで気のエネルギーの具体的感応にとどめるのであって、たとえば先にも引用した伯有の霊がたたりをおこしたという話に対して、朱熹は、非業の死を遂げた者の気はむすぼれてしまいそれが何かのはずみで反応するのでそう見えるのだとドライな解釈をしている（『朱子語類』三）。

2　天人論

単なる学問にとどまらず、儒教を思想として活性化しようと試みた儒者たちは、その多くが天人論と性説を行っている。

儒教にとって天は諸価値の源泉であり、それゆえ儒者が儒教の自己認識を改めて行おうとする場合に天の概念の洗い直しが行われる。またその時には往々にして仏教や道家・道教をはじめとした彼らにとっての異端が意識されていることが多い。たとえば仏教との関係を例にとると、仏教が道徳からの超越を説くのに対し、儒教では道徳をそのまま天とし、その天以上のものは無いとして仏教を批判する。宋以後の仏教から哲学的生命力を取り戻そうとする儒教再生の動きの中で、再度天が問われ、また強調されたのであるが、それでは天の概念が儒者内部で統一されていたかというと、先に見たように天の持つ多義性のゆえにそうではなかったのであって、それが儒教内部での天人論争も白熱させたのである。

この天人論であるが、これは天人合一論から天人分離論までの幅がある。既に述べたような人事と自然界の影響関係を言うものから、万物一体論にまで展開していくものまであり、儒者たちは、それぞれの思想的要請からこの幅の中で自己の天人観の選択を行った。

なお天人分離論は、戦国時代の荀子を嚆矢とすると言われてきた（近年の出土文物からすると、それ以前からあった可能性がある）。荀子の場合は、天変地異が起こってもそれに左右されることを否定し人間の営為の独立性を言うのであって、天を崇敬しないというわけでもなく、以前は天人分離というよりも天人分業であるという解釈もかなりなされていた。このような人間の営為の独立性を唱えた存在としては前述の北宋の欧陽脩や王安石らがある。彼らとても天を崇敬するということを言うのであるが、ただ天人相関説を受け入れないのである。王安石は天を恐れぬ者として反対派から攻撃されたが、このような場合は多く政争がからんでいた。

天は道徳の権化であって、天と人の密接な相互関係を説く場合には、その思想が道徳主義的色彩を帯びがちになる。一方天から人為を切り離す場合には、従来の価値規範から距離を置きながら、新たに政治的あるいは個人的な行動原理を設定しやすくなる。政争がからむというのは、このような基本的なスタンスの差が個々の政策に反映されるからであって、王安石の新法をめぐる新法党と旧法党の党争がその代表的な現れであった。

3 性説

この天人論は一方で性説と様々な形でリンクした。たとえば諸価値の根源としての天と人とを関連づければ、天人合一論は性善説、天人分離論は性悪説ないしは性無善悪説となる傾向が出てくるが、禍福両者の来源としての天という面をクローズアップするとそのようにはならない、という具合である。

性説にはいくつかのパターンがある。それは中国の性説というものが、性に対する善悪の付与に対する議論だからである。つまり善悪の組み合わせの場合網羅から、おのずとパターンが限られることになるのであって、具体的に言えば、基本は次の四タイプである。

Ⅰ　性善（孟子）

Ⅱ　性悪（荀子）

Ⅲ　性善悪混（揚雄）
Ⅳ　性三品（韓愈）

これにさらに性無善悪（王安石、蘇軾など）がつけ加わる。（　）内は宋代において各パターンの代表者として引かれる思想家名をあげたものであって、これらは漢代にはですでに出そろっていた（漢代における性説については、森三樹三郎『上古より漢代に至る性命観の展開――人生論と運命観の歴史』、創文社、一九七一）。

性善説は孟子の有名な説である。これは、性は善であることから道徳的教化によって感化される可能性を言い、力による覇道ではなく徳によって統治する王道の提唱の基礎になっている理論である。孟子の段階で、すでに性は単なる生まれつきとする告子と論争が行われているのであって、「先生（孔子）が性と天について語られるのは、聞くことができない」（『論語』公冶長）と言われた孔子の時代と異なり、性説が思想家どうしの重要な議論になってきた状況を反映している。

次の性悪説は荀子のものとして有名である。実際には『荀子』には「性悪篇」以外に「性悪」の語は出てこず、聖人を目標に学問をすることまで説かれているのであって、キリスト教的な原罪を説くようなものとはもとより異なる。荀子は単なる生まれつきのままでは禽獣のようになってしまうから、後天的努力によって自己を向上させていくことを唱えているのであって、後天的な礼楽の学習などの意義を説くために本性を低く見てはいるが、人間の道徳的可能性自体は否定していない。荀子も孟子も、人間は自己向上ができること、その際に儒教的道徳の学習がかなめになるという点では共通するのであって、それゆえともに儒家なのである。ただ孟子が心の道徳的可能性を「性」としたのに対し、荀子が禽獣に流れる部分を「性」としたという点が異っているが、孟子も荀子も、人間の心に善への可能性と悪に流れる要素の両者を見ている点では変わりはない（栗田直躬『中国思想における自然と人間』、岩波書店、一九九六）。このように荀子は性＝悪と決めつけているのではないのであるが、性説がパターン化される中で性悪説ということで一人歩きしていったのである。

性善悪混説は前漢末の揚雄（前五三～一八）の『法言』に見え、性には善と悪が混ざっているとするものである。その性の善なる部分を伸ばし、悪なる部分を矯正するということなのであって、ある意味では常識的とも言え、儒教の伝統の中で異端となるような思想ではない。ただ揚雄が簒奪者の王莽《おうもう》（前四五～二三）に仕えたという出処進退上の問題が、この説の評価に及んだ。中国では善い思想は立派な賢人しか語りえないと見る。この議論については、北宋の司馬光などそれなりに後継者がいたが、その司馬光も揚雄の出処進退の弁護をすることで、この説の説得力を出そうとしている。

性三品説はすでに漢代にあったが、有名なのは唐の韓愈の「原性」である。これは性には性善、性善悪混、性悪の三段階（三品）があり、圧倒的多数は中間の性善悪混であるから、その人々を儒教の教説で善へ導くことを説くというものである。韓愈は当時隆盛を見ていた仏教の仏性論をあった。

意識していた。この仏性論とは人間はみな仏としての本性を持っているという一種の性善説であって、それに対抗して儒教道徳の意義を説く必要があったのである。この説の継承者はかなり存在した。なおこれと同パターンのものとしては、三品それぞれをさらに三品に分かつ性九品説があ以上の四説が基本的パターンであって、この四説のいずれにくみするかという形で議論され論争されることが多かった。その中で性無善悪説というものが出てくるが、これも既に漢代に存在した。この主張というのは、性自体には善悪が言えないというものであって、性を善悪一方に決めつけないという点では性善悪混説に近似する。なぜ性に善悪が無いのかというと、それは善とか悪とかは心がいかに動くかということについて言われるものであるから、心がまだ動いていない性の段階で善悪を言うのは無意味だからである。また王安石は、一方では性善説も採りつつ、善は人間の営為や環境の力を借りなければ顕現しないし、性自体は操作できないのだから、善悪が無いのと同じだとする。さらに蘇軾は人間が自己認識できず自己操作できないブラックボックスが性であるとする。なお欧陽脩のように、性が善であろうと悪であろうと善悪が混ざっていようと三品であろうと、儒教道徳を学習する必要はあるのだから、性説の乱立は混乱の種を作るだけだというものもあり、王安石も、現実問題として、性説のレベルでの意見の統一は極めて困難であると考えていた。

これらの性説のうち、最終的に力を持ったのは性善説である。特に宋代に登場した朱子学や明代の陽明学は、徹底した性善説を採用し、これらの思想の流布によって、儒教の主流は完全に性善説となった。これらの性善説は古代の孟子らの性善説と全く同じではない。古代のものは「(聖人の)舜も人であり、私もまた人である」(『孟子』離婁 下)とか「学問はどこから始まり、どこに終わるのか。……その意義は、士であることから始まり、聖人となることで終わる」(『荀子』勧学)とか言う例はあるが、単発の発言であって万人が聖人になれるという一貫した主張を展開するようなものではない。それが朱子学や陽明学の場合は、それを強く打ち出し、万人に聖人に向かって歩むように求めるのであって、そこには仏教、特に禅宗からの影響がある。仏教では「みな仏になれる(悉皆成仏)」ことを説くが、その仏が聖人に置き換えられた形なのである。誰でも聖人になれるということは、聖人の存立根拠が社会的地位に関係無く心境の完全さにあるということであるが、これについては後述する。万人が聖人と同じ心境になるというのは、人間における天の実現であって、これ以上の存在は無いということである。つまり人は他宗教で言えば神にまごう存在となるのであって、かかる点からも儒教が他の宗教とは異なることがわかろう。

4 情と欲

ところでこの性説は、同時に人間の感情や欲望をどのように扱うかという問題と関係する。人間の心の本性は「性」であって、まだこの段階では個々の事物に対して心が動いていない。具体的に心がうごく状態は「情」と言われ、「情」のうちで特に波立つものが「欲」である。しばしば儒教は徹底した禁欲主義であると言われるが、その傾向はあるものの、単純に「情」や「欲」を否定しているわけではない。そもそも善を行おうという意欲自体は、心が具体的に動いている状態であって、それゆえ「情」であり、「欲」なのである。ここで儒教が捉える感情を、三つの段階に整理してみたい。

Ⅰ　道徳的感情
『孟子』公孫丑上の「四端の心」。つまり「惻隠の心」（他人への思いやり）、「羞悪の心」（不正への憎しみ）、「辞譲の心」（謙譲の気持ち）、「是非の心」（道徳的認識判断力）。「仁」、「義」、「礼」、「智」の四徳が心の動きに現れたもの。

Ⅱ　道徳的にも不道徳にもなりうる感情
『礼記』礼運の「七情」。つまり、「喜」、「怒」、「哀」、「懼《く》（おそれ）」、「愛」、「悪《お》（にくしみ）」、「欲」。

Ⅲ　道徳的に警戒あるいは否定されるべき欲望
『礼記』礼運の「飲食男女」。つまり、「飲食」（食欲）と「男女」（性欲）。

Ⅲの欲望は確かに基本的には警戒、否定されるものではあるが、同時に無くてはならぬものであることを、朱熹の『大学或問』ではこのように言う。「人を誘惑する物では、飲食と男女の欲が一番だ。だがその根本を考えれば、これらも人にとってなくてはならぬものだ。……もし物に即して根元を究めず、いたずらに自分を誘う物を憎み、全てを排斥するならば、口を閉ざしてこそ、正しい飲食ができることになり、種を絶滅してこそ、正しい夫婦の秩序を全うできるということになってしまう。これは、君や父を無視する野蛮人であっても、教えとして取り入れないものである。ましてや聖人の中正を全うした道が、こういったことで混乱させるであろうか」。また食欲と性欲と同様なものとしては、利殖の欲望があり、これは「貨」と言う。儒教ではこの「貨」をしばしば「色（性欲）」と並べる。まず『礼記』中庸には「讒を去り色を遠ざけ貨を賤しんで徳を貴ぶのは、賢人を引き立てるためである」と否定的に言うが、『孟子』では次のように対処のしかた次第であるとする。「王がもし貨を好むのに、庶民と共有すれば、何の問題もございません。……王が色を好むのに、庶民と共有すれば、何の問題もございません」（「梁恵王 下」）。ちなみに後者の『孟子』の文に対する朱熹の注はこうである。「やはり音楽や、園遊や、遊山や、勇を好み、貨を好み、色を好む心は、みな天理としてあるもので、人情として無くてすむものではない。『だが天理と人欲は、同じ営為に現れても本質は異なる』（胡寅の語）。理に従い公の精神を天下に実現することで、聖人賢人は本性を発現する。欲のままにふるまい自己中心的になることで、一般人は天理を滅す。二者の差はわずかであるが、その是非得失の結果は大きい」（『孟子集注』二）。つまり「貨」も「色」と同じく、無くてはならぬものではあるが、警戒の対象なのである。

ただ後世になると、Ⅲの欲望までも肯定するような議論が見られるようになる。明末から清初にかけての王夫之（船山）は「貨」や「色」が必須のものであることを強調し、仏教との差別化を図る。「欲を離れて理を別にするのは、仏教だけがそうだ。これはやはり物の道理を棄てて人の大倫を廃するものなのだ。……貨や色を好む心をもとに、天が陰ながら万物を安定させ、人が天地の大徳を実現していくのは、これらの働きが身にあるためなのだ」（『読四書大全説』八）。王夫之はここで、「飲食は貨、男女は色」とわざわざ注釈している。

明の中期以後、欲望肯定の風潮が出てきて、儒教もそれに応じた欲望肯定論が目につくようになる。儒教の基本線は禁欲主義なのであるが、それは欲望の完全な消滅を言うものではなく規制をかけるものであって、その規制の強度もかなりの幅があったのである。

明末の李贄《りし》（李卓吾、一五二七～一六〇二）は、その欲望肯定の強い姿勢と、既成価値に対する批判において有名である。「衣服を着る（穿衣《せんい》）と飯を食う（喫飯）が人倫物理である」（「答鄧石陽」）と言うように、彼にとっては衣食住に関わる日常の欲望こそが道徳であった。その李贄は、「童心説」を著し、幼児の心こそが聖人の心なのであって、その幼児が成長過程で経書の学習だの何だのを強要され、本来の心を失い既成価値観で心を支配されてしまうとした。ここでは経学批判まで行っているのであって、こうなると儒教と言えるのであろうかということになる。ただ李贄の晩年の絶筆は『九正易因』という『易経』の注釈であり、彼が属していた泰州学派全体が李贄的傾向を持っているが、この学派の立論のよりどころはやはり経書の『大学』（『礼記』大学）であった。さらに李贄の著作全体を見た場合、「童心説」など過激な文章が多く見える『焚書』がある一方で、『蔵書』に収められている諸文章では伝統儒教的発言もしているのであって、総体として李贄を儒者として扱うことができるのである。むしろ問題は、李贄のような存在すら広義の儒教では含みうるということであり、そのような儒教の幅が、儒教自体の多様な展開を可能にしたのである。なお李贄の愛読者の一人に幕末の吉田松陰（一八三〇～一八五九）がいたのは有名である。

性と情をめぐる議論は、儒教思想を豊饒にした。儒者たちは心についてその構成要素を分析していくよりも、実際に心がいかに動くのかという作用や運動に思いを凝らしたのである。それは自然界に対して万物の構成因子を追究していくよりも、その作用や運動のあり方を究明するという彼らの態度と軌を一にする。徹底して実践の場で鍛えられた儒教の心性論は、人間の心の問題に対して今でも多くの示唆を提供している。

五　儒教的人格

1　人格の陶冶と他者への感化

儒教の理念を語る時に、しばしば「修己治人（「己を修め人を治む」）」（「大学章句序」）という南宋の朱熹の語が用いられる。自己の修養と他者の感化を同時に行うのが儒教なのであって、かかる考えは次のように古代までさかのぼることができる。「自分を修めそれで人を安んずる」（『論語』憲問）、「身を修めるすべを知れば、人を治めるすべを知る」（『礼記』中庸）、「己れを完成するのには仁である。他者を成就させてあげるのは知である」（同上）。また近現代の中国の研究者はよく「内聖外王」という語も使う。これは「それゆえ内聖外王の道は暗く明らかでなく、こもって現れなくなった」（『荘子』天下）というように道家の『荘子』の語なのであるが、自己の内面を聖人化し社会的には王事に励むということが儒教のあり方を示すのに恰好のものとされるのである。つまり儒教は、社会的人格の陶冶を行う思想なのである。

宋になり道学（宋学）という学派が登場し、もと『礼記』の一篇であった「大学」を独立させて表彰した。この『大学』は有名な三綱領と八条目を説く。まず三綱領の内容であるが、「明明徳（明徳を明らかにす＝輝ける内面の徳を明らかにする）」は個人の修養、「新民（民を新たにす＝人々を感化して刷新する）」は他者の感化、「止於至善（至善に止まる＝最高の善に位置する）」は前二者が全うされた結果全てが本来あるべき場所に位置することである。なお以上は道学の代表である朱子学の解釈であって、陽明学ではこのうち二番目の「新民」はもともと「親民」であり「民を親しむ（人々を親愛する）」であるとした。

また八条目の方は、「格物（物に格《いた》る＝事物の理をきわめる）」、「致知（知を致す＝知を極限まで働かせる）」、「誠意（意を誠にす）」、「正心（心を正す）」、「修身（「身を修む」）」、「斉家（家を斉《ととの》う＝家を秩序あらしめる）」、「治国（国を治む）」、「平天下（天下を平《たいらか》にす＝天下を安定させる）」である。このうちの「格物」から「修身」までが個人の修養、「斉家」から「平天下」までが他者の感化に該当する。朱熹の「修己治人」という語はこの『大学』の注釈の序文に出てくる語であって、『大学』は個人の修養が社会への貢献につながるプログラムを簡潔にまとめたものとして格別の評価を受けていくのである。なお以上は朱子学の解釈であって、陽明学では最初の「格物」を「物を格《ただ》す」と読み、さらに「物」を「意念が発動する対象」と解釈して、対象に対する心の動き始めを正すこととした。

ところでこの八条目の最後は「平天下」である。このもとの意味は文字通り天下を統治するということであろう。『大学』とは、古代の大学で教えられた内容とか、偉大な学とか、いろいろ解釈されてきたが、筆者は「帝王学」という意味ではないかと思っている。ともかくも万人が「平天下」を目指すというのでは、万人が帝王になるということになってしまうが、朱熹は当然そのようには解釈しなかった。朱熹は、万人がそれぞれのつとめを果たすことで「平天下」に貢献することとしたのである（『大学或問』）。朱熹は、万人は内面の修養に励み、社会のひとこまとなって社会に貢献することを求めた。これは、分業という社会的要請と、内面の完成という哲学的欲求を、同時に満足させるものであった。

儒教からすれば、道家思想や仏教は個人の内面の安定のみを求めるのであって、「治人」あるいは「外王」が欠けている。法家思想となると社会的安定ばかりであって、「修己」あるいは「内聖」が欠けていることになるのである。

2　聖人、賢人

(1)聖人

儒教の最高の人格は聖人である。聖人には誰もがなれるというものではない。特に古代にあっては、聖人は偉大な帝王という意味であることが多かった。儒教の聖人の代表は、伝説上の尭《ぎょう》、舜《しゅん》、禹《う》であり、殷の湯王、周の文王、武王であって、これらはみな帝王である。

それでは孔子はどうであろうか。孔子も後世は聖人とされたが、王者にはならなかった。彼はその内面的な徳の高さによって聖人なのである。『孟子』では、孔子が子貢から「先生は聖ですか」と問われたのに対し、孔子は否定したという話をあげたうえで、孔子の弟子の宰我が「自分から見れば孔子先生は尭や舜よりもはるかに賢である」という語をあげている(『孟子』公孫丑上)。なお後世も、特別に孔子をクローズアップする立場はしばしば登場する。

そもそも聖人には王者というイメージがつきまとっていたと言われる。それが孔子を尊崇する者たちによって、王者という面よりも内面的な高さが前面に出てくるようになった。さらにそこに仏教の影響が加わっていくことになる。仏教では「悉皆成仏」を説き、誰でもが仏になれるとした。儒教の古代の性善説はそこまで強い主張ではなかったが、仏教に触発されて、宋代になると誰でも聖人になれるということまで言われるようになったのである。そこで改めて聖人孔子が万人の目標として設定されることになった。

聖人とは、あくまでもこの世に生きている生身の人間の完璧な存在である。このような聖人という存在の捉え方については、大まかに言って二つの方向があった。一つは朱子学のように、理の擬人化とでもいうべき完全無欠性を至上命題とする聖人像であって、時には非人間的印象をあたえることになる。もう一つはあくまでも生身の人間としての面を重視しその偉大な存在として聖人を見る方向であって、陽明学や日本の古学がそのような傾向を持つ。このような聖人像の幅が、孔子という聖人の語録である『論語』の解釈の振幅と呼応して、儒教の内容を豊かにしたのである。

(2) 賢人

儒教で賢人といえば、王者の補佐をした賢相、出処進退が清い高潔の士など数多いが、徳行のゆえに賢人とされるものの代表は、やはり孔子の最愛の弟子の顔回《がんかい》(顔淵)であろう。

この顔回は、次のように地位も財産も無いが学問熱心で高徳の士であった。「賢人なるかな、顔回は。竹器一杯の食べ物、ひさご一杯の飲み物、住む場所は狭い路地。普通の人だったら悶々とするところだが、顔回はそれでも相変わらず楽しんでいる。賢人なるかな、顔回は」(『論語』雍也)。顔回は清貧に甘んじたが、心の高さによって賢人なのである。

この顔回を賢人の代名詞とする場合、顔回についての次の語が俄然浮上する。「顔回は、その心が三ヶ月仁に違わなかった」(『論語』雍也)。仁に違わなかったのはさすがに顔回であるが、ただ三ヶ月という限られた期間であって、賢人の場合はまだ徳と完全に一体化してはいず、努力する必要が残っている。聖人が無意識のうちに心が完璧に道徳を実現するのに対して、賢人はまだ意識して道徳的であろうとする存在であるがゆえに聖人よりも一等降るのである。そして一般人は、境地があまりに高くしかも素質的に常人と異なる聖人を直接目指すのではなく、まず顔回のような賢人への到達を図るべきであるとされたのである。

この顔回を人々の目指すべき賢人の代表にするということは、賢人、さらにその先にある聖人が純粋に内面の高さによって言われているということである。地位が無い人物が目標ということは、逆に言えばいかなる地位の人間も聖人になれるということであって、かくて社会のどのような位置にいる人であっても聖人を目指せるということになるのである。

(3)聖人は生まれつきか

聖人はこのように心境の高さにおいて言われるようになったのであるが、それは具体的に言えば、あらゆる事態に対して闊達に動く心が、結果的に全て道徳的規範にはずれないという境地である。「誠は勉めないでも道にあたり、意識しなくても道を得る。従容として道にあたるのは聖人である」(『礼記』中庸)。また孔子が自分の内的成長をこのように言ったのは有名である。「私は十五歳で学に志した。三十歳で一人前になった。四十歳で惑わなくなった。五十歳で天命を知った。六十歳で人の意見が耳に逆らわなくなった。七十歳で心が望むままに従っても道徳的規範を逸脱しなくなった」(『論語』為政)。朱子学をはじめとする道学やその影響から出てくる一連の儒教から言わせれば、この七十歳の時こそが聖人の心の状態であって、それは迷いもなく自由であり、しかも限りなく道徳的な境地である。

この孔子の精神的成長を見ると、孔子は七十歳になってやっと聖人の境地に到達できたということになる。しかし一方では、次のように生まれつき知ることができ行える者が存在すると言う。このような存在はもちろん聖人である。「生まれながらにして(道を)知っている者もいる。学んだ後に知ることができる者もいる。刻苦した後にやっと知ることができる者もいる。知ることができれば結果的には一つである。何もしなくとも(道を)行える場合、善行への意欲から励んで行えるようになる場合、無理をしてやっと行えるようになる場合がある。成しとげられれば結果的には一つである」(『礼記』中庸)。

それでは孔子は生まれつき聖人の境地ではなかったのだから、聖人ではなかったということになるのであろうか。何しろ孔子自身はっきりと「私は生まれながらにして知っている者ではない」(『論語』述而)と言っているのである。この問題に対して、朱熹は苦労して議論を立てている。朱熹は、孔子はやはり生まれつき聖人だったが、十五歳からの魂の成長を述べたのは、他人にはわからない日々進歩の感覚があったからで、それを学ぶ者たちの参考になるように言ったのだとする(『論語集注』四)。このような苦しい解釈が出てくるのは、努力して聖人の境地を維持する賢人と、努力の必要も無くその境地になりきっている聖人の差をきちんと取っておくためである。ただ朱熹のこのような議論の中に、生涯学問することを愛し続けた孔子を目標にする姿勢がよく現れているとは言えよう。多くの教祖がゴール地点に立って、信者が自分に向かって走ってくるのを見つめ手招きしているのと異なり、孔子の場合は自らが前に向かって走り続け、皆はその姿を背後から見ながら走り続けているのである。朱熹が孔子以後聖人と認めた人間はほとんどいなかった。誰でも聖人になれるとするのであるが、限りある人生においてはそれは無限値に近いのであって、むしろ朱子学では、聖人に向かって走り続けていくこと自体に人間としての存在意義を見出しているのであり、その象徴が孔子であったのである(土田健次郎「孔子に学問は必要だったのか」、『孔子全書』第三号月報、明徳出版社、二〇〇〇)。

ところで孔子は現実には王者になれなかったが、その徳は王者と同じであったということから、孔子を「素王」と言うこともあった。儒教の中では孔子が王者になれなかったことに対するルサンチマンがあるという研究もあるが（浅野裕一『孔子神話――宗教としての儒教の形成』、岩波書店、一九九七）、孔子が王者でなかったということは、聖人に向う道を万人に開くことになり、このことは儒教にとってむしろ幸いであったと言えるのではなかろうか。

3 学問と修養

人々が聖人を目指す時に、必須なのが学問と修養である。

学問とは経書の学習である。経書の講習は中国の知識人の教養教育とされ、それが儒教の定着に大きく貢献した。またこれは公務員上級職の試験である科挙の中心科目となったことも大きく働いた。旧中国で経書の学習は、官僚、文化人たらんとする人々の必須のものとなり、かくて経学は社会に根を張ったのである。

一方の修養であるが、こちらは古代から明確な方式があったわけではない。『孟子』に「浩然の気」を養うというものがあるが、どう養うのか明確に指定されてはいない。この方面は仏教、特に禅宗に触発されて発達していった。

たとえば朱熹は、先輩の程顥と程頤兄弟の議論を受けて「敬」の心を維持するという修養法を説いた。これは心を敬虔にして対象に集中させることで、心が本来持っている善なる機能を全開しようというものである。(また坐禅に類する「静坐」も説いている)。この「敬」の修養法の方は「敬に居る(居敬)」、「敬を持す(持敬)」と言われたが、広くアジアの儒教圏で行われた。

この「敬」は、儒教独自の修養法を編み出したものとして、大きな意味を持った。対象に意識を集中させるというのであれば、禅宗のように坐禅堂にこもる必要はなく、日常での全ての行為を修養にできるのであって、社会での活動を身上とする儒教ではまことに有効なものであった。

ところで朱子学では万人が聖人に到達できるとしたものの、そのために必須な学問や修養を行える環境は士大夫にしかあたえられていなかった。たとえば朱熹は、古代の理想的教育システムでは「十五歳になると、天子の元子(お世継ぎ)や衆子(王子たち)から、公、卿、大夫、元士(いわゆる『士』)の適子(正室の生んだ子どもたち)と庶民のうちの俊秀なる者まで、みな大学に入り、彼らに理を窮め心を正し自分を修め他人を感化する道を教える」というようであったと言う(「大学章句序」)。学問が聖人に達する必須のものである以上、それを受ける機会があたえられない者は、可能性があっても実現しないことになってしまう。それが明の陽明学では、机上の学問よりも日常生活での心の錬磨(いわゆる「事上磨錬」)の重要性を強調し、朱熹の言うような環境が無くとも聖人を実質的に目指せるような道を開いた。陽明学では「町中の人が聖人である」と言った。町の中では老若男女、身分の高い者低い者、富者貧者、あらゆる種類の人間が行き交うが、それらの人々の心の動きの中に聖性の発露を認め、それを鼓舞することで聖人への到達を図ったのである。その教えは、社会の生産力の向上や商業の発達によって力をつけた庶民層にも一部広がっていった。

儒教における心の修養は、現在でも意味を持つ儒教の遺産である。天台宗の止観や禅宗の坐禅のように部屋にこもるのではなく、日常にまみれて生きていかざるをえない人間が、いかにして理想的な心理状態に自己をもっていけるかの試みがここにはある。常に心の変化を見つめて修養の実効を確認しながら前進していくかかる修養は、理論的整合性よりも心への具体的効果を問題にするのであって、その体験の集積は、現代人にとっても貴重な精神作用のデータとなるものである。

六　儒教の規範

1　経書

(1)経書群

儒教の学問は、経学、つまり経書の学習が中心である。この経書こそは、儒教を儒教たらしめているものである。経書に典拠を得られれば、儒教の言説となりうるのであって、儒教の幅は経書の幅が決定しているとも言えよう。

経書はいろいろな数え方がある。

五経……『易経』、『書経』、『詩経』、『春秋』、『礼記』。

六経……『易経』、『書経』、『詩経』、『春秋』、『礼記』、『楽経』(今は失われている)。

十三経……『易経』、『書経』、『詩経』、『春秋左氏伝』、『春秋公羊伝』、『春秋穀梁伝』、『周礼』『儀礼』『礼記』、『論語』、『孟子』、『孝経』、『爾雅』。

この十三経が最も網羅的であるが、それ以外に『大戴礼《だたいれい》』なども加えることが可能である。また宋からは、『論語』、『孟子』に、もと『礼記』の一篇であった「大学」と「中庸」を加えた四書という括りも出現し、これは朱子学の広がりとともに定着していく。

四書……『論語』、『孟子』、『大学』、『中庸』

朱熹によれば、『論語』は孔子、『大学』は孔子の弟子の曾子（厳密に言えば、曾子が孔子の語を記した部分と、孔子の語に対する曾子の解説を曾子の弟子が記した部分からなる）、『中庸』は曾子の弟子で孔子の孫でもある子思（孔伋《こうきゅう》）、『孟子』は子思の孫弟子の孟子の思想を伝える文献である。朱熹は五経の類よりもこの四書の方を重視し、この姿勢は後々まで強い影響をあたえた。

なお経書との関連で緯書《いしょ》についてごく簡略に述べておく。この緯書は、予言書である讖《しん》と、神秘的天人相関思想によって経書を解釈する緯《い》が、漢代になってまとめられたものである。経が縦糸の意味であるのに対して緯は横糸である。この緯書は、神秘的な内容に満ち、また政権交代の予言書としても使用されたために禁制に遭うことが多かった。緯書は漢代に盛行し、経書の注釈書にも引用され、また中国のみならず日本でも古代は影響力を持ったが、儒教の長い歴史の中では経書に並ぶ安定した地位は獲得できなかった。

経書は成立事情や年代はまちまちである。内容も雑多であり、いちおうの方向性はあるが、細かい点では相互に矛盾もする。しかしその幅の広さが儒教の範囲を広げ、融通性を増しているのである。ただ立場によってはどうしても認められない経書が出てくる。どの経書を重視したり採択したりするかというのも、儒者たちにとっては重要な問題であった。ここで主な経書を概観しておきたい。

(2) 代表的な経書

① 『易経』

『易経』は、卦と爻という記号と、文章から成る。爻には、陽爻⚊と陰爻⚋があり、六つの爻辞で一つの卦となり、その卦は二種類の爻の六乗であるから全部で六十四ある。この六十四卦と三百八十四爻に、この世界の全ての事象があらわされているのである。同書は伏羲《ふっき》という神が天地の秩序を卦に写し取ったのがもとで、それが徐々に拡大され、解説の文章が付され、現在のようになったと伝えられている。同書が経書のトップに置かれたのは漢代であり、天と人の霊妙な関係を象徴する書であった。

同書は占いの書であって、その占いには蓍《めどぎ》という植物から作った五十本の棒を用いる。その占いの結果出てきた卦の形とそこに付せられた解説を読み、占うのである。

儒教にとって占いの意味とは何であろうか。儒教が道徳主義であるならば、道徳的行為そのものに主眼を置き、結果の吉凶は意にとめないはずであって、占いは必要ないのではなかろうか。この問題は朱熹も意識していた。朱熹は同書を占いの書とし、その線に沿って『周易本義』という注釈も書いたが、生涯で占いをした形跡は多くはない（陳栄捷『朱子新探索』「朱子卜筮」、台湾学生書局、一九八八）。ただ晩年、あくまで朝廷で理念に従って活動するか、地元に引退して最後の力を学問と教育に集中させるかで悩んで占い、遯《とん》の卦䷠から家人の卦䷤（資料によっては同人の卦であったとも言う）へ移行するという結果が出、それを受けて福建の地元に退いた。ちなみにこの結果だと遯の卦の第一爻（一番下の爻）の陰が陽へ、第四爻（下から四番目の爻）の陽が陰へ変わるので、遯の卦のこの二爻の爻辞、特に第四爻の爻辞から引退という結論が出てくる。朱熹はたとえば放火殺人をするかとかわいろを取るかどうかというようなことは占う必要は無いと言う。占いが必要なのは結果のいかんによって行為の意義が決まるようなケースなのである。

それに対して江戸時代の伊藤仁斎は、占いを認めなかった。それは行為の動機が道徳的であるか否かが問題なのであって、結果を知ったうえで行為を選択するのは功利的だという考えからである。このように儒者の中には占いに冷淡な者もいたが、同書は経書のトップに位置し続けた。

同書は占いだけではなく、人と天の霊妙な関係を説く哲学書としても享受された。思想史的にはこちらの方が重要なほどである。同書の解釈には伝統的に二つの方向がある。一つは象数易、もう一つは義理易である。この二方向は路線の違いとして明確に意識されていた。まず象数易であるが、これは同書に書いていない天文暦法などの数理体系を導入して卦爻の形を組織的に解釈していくものである。一方の義理易は、同書の本文に即して解釈していくものである。ただこれは大まかな方向性であって、象数易でも本文を使用するのであるから義理易の要素はあり、義理易の方も卦爻の象数を論ずる象伝などを使用するわけであるから象数易の要素を持つ。

同書は雑多な内容を含んでいる。「易の時の義は大なるかな」という語があるように、同書を統べる理念はと言えば「時」くらいしかない。「時」とは瞬間という意味であり（『墨子』経上によれば、時と時にわたるのが「久」、つまり時間である）、占いとはある瞬間が未来の瞬間に変化するのをつかむ行為である。そしてこの「時」とは、時間的瞬間のみならず、その場所、その状況、つまりTPOを含むのである。占いによって自分の行為を決めるというのは、その時点でいかなる行動原理を採択するかということである。この行動原理の中心は儒教であるが、時には道家的隠逸思想も採択されることがあるように、固定的なイデオロギーではない。つまり各種の思想的立場を許容し、時によってそれを選択するという性格が同書にはあり、このフレキシビリティーが儒教の内容を豊かにしたとも言えるのである。

②『書経』

『書経』は、王者や王者の臣下の記録や文書類を集めたものである。内容は雑多であるが、儒教の政治理念である徳治の典拠がここに多く見出せる。前漢の末に朝廷の書庫から古い字体で書かれた経書（古文という）が発見され、当時の通行本（当時使用されていた隷書で書かれていたので今文という）と異なる点がかなりあることから、後世まで議論の種になった。これは他の経書も同じであるが、特に同書の場合は現行本に今文と古文の両方のテキストが含まれ、しかもさらに東晋時代に梅賾《ばいさく》によって偽作された部分（偽古文という）まで含むことから、テキスト論争が絶えない。

また高徳の王者から高徳の臣下への譲位（禅譲）や、高徳者による非道な王者の武力討伐（革命）、伝説上の聖王たちが伝えた心法（道心・人心）、政治の九つの大法（洪範九疇）など儒教史上の大きな論題の典拠も同書にある。

③『詩経』

『詩経』は、古代の詩を集めた書である。各地の詩を収集した箇所を「国風」、朝廷の詩を収集した箇所を「雅」、宗廟の詩を収集した箇所を「頌」と言う。国風にある多くの詩はもとは民謡であったが、それを強引に道徳的に解釈することで、経書としての意味を持たせている。それでも明らかに恋愛詩の類と見られるものは説明しきれなかった。そこで詩自体の中に「美刺《びし》の旨」が含まれているという説明をすることになった。「美」とは「ほめる」、「刺」とは「そしる」、という意味であって、恋愛詩の場合はその詩自体に淫乱性を譏る意図がはらまれていると言うのである。ただ朱熹などは、恋愛詩は恋愛詩でしかないことを認めたうえで、道を理解した人が読めば戒めとしての効果があると説明する。つまり読む人次第ということなのであって、「美刺の旨」を詩自体の中から読者側の方へと移行させたのである。ここに作詩者と読詩者の間の詩の解釈の分離が起こった。明代になるとその分離をさらに明確に意識する者も現れ、「詩は活物」などと言って読者次第で縦横に解釈しうるという議論まで出てきた。同書の脱経書化の契機がここにあり、それは文芸理念にも影響した。つまり文芸と道徳が混交していたものが、両者が分離していき文芸は文芸として観賞するという姿勢が明確になっていったのである（以上は土田健次郎「伊藤仁斎の詩経観」、『詩経研究』六、一九八一）。

また同書は、人間の生の感情の容認問題を引き起こした。詩とは「人情」を説いたものという考えは古くからあったが、その人情は道徳的人情とでもいうべき限定されたものであった。それが時代の進捗とともに、より広い人情肯定へと拡大していったのである。ともかくも禁欲一辺倒ではなく人情に対する容認ということで、情についての新たな省察を引き起こす作用を同書は持っていたのである。

④『春秋』

『春秋』は、魯の国の年代記であって、隠公から哀公までの十二公、二百四十年に及ぶ。同書は孔子が作ったと『孟子』には書いてある。「世が衰え道が微かになり、邪しまな教説や無軌道な行為が起こるようになった。臣下なのに主君を弑殺《しいさつ》したり、子なのに父を弑殺する者が出てきたのである。そこで孔子は危惧して『春秋』を製作した。『春秋』の内容は、天子に関わることなのである。それゆえ孔子は言った。自分を評価してくれる者は、『春秋』によってであろう。また自分を罪する者も『春秋』によってであろう。……孔子が『春秋』を製作して乱臣や賊子は恐懼《きょうく》したのである」(『孟子』滕文公 下)。孟子によれば、『春秋』とは世が乱れ、君臣、父子の義が荒廃したのを嘆いて、孔子が製作したのであって、そうである以上は同書から道徳的意味を引き出さなければならないことになる。同書は本来は平坦な事実の年表的記述であったと思われるが、儒者たちは道徳的に解釈することで同書を経書たらしめた。ただ道徳的解釈をするにはかなりの無理があり、「微言大義」と称して一見何でもない記述の中に重大な道徳的含意があるとした。要するに歴史書を強引に道徳書にしたのである。

同書には三つの注釈がある。『春秋左氏伝』は孔子の門人とも言われる左丘明の作と伝えられる(実際にはその可能性は無い)。古文系統であり、史実の解説が詳しいが、道徳的記述もある。『春秋公羊伝《しゅんじゅうくようでん》』は、孔子の弟子の子夏を通じて『春秋』を把握したという公羊高の作と伝えられる。今文系統であり、独自の政治哲学が見える。『春秋穀梁伝《しゅんじゅうこくりょうでん》』は、同じく子夏を通じて『春秋』を把握したという穀梁赤の作と伝えられる。同書も今文系統であり、『春秋公羊伝』と類似した内容を持つ。この三書はそれぞれ経書扱いを受けた。このうち『春秋左氏伝』がよく読まれるようになったが、一方で『春秋公羊伝』を重視する一派もあった。

清朝後期の公羊学はその代表であり、儒教に多い尚古主義とは逆に、「衰乱」、「升平」、「太平」と順次未来に向って進歩していくというその思想は、近代西欧思想を受容する受け皿にもなった。これら三つの注釈自体がそれぞれ経書として権威を持ったのであるが、それは単なる年代記である『春秋』がこのようにしなければ経書としての価値を主張できなかったからであった。しかしこれら三つの注釈を捨てて『春秋』そのものに復帰するという姿勢をとる学者も唐から目立つようになり、その立場に立つ北宋から南宋にかけての胡安国（一〇七四～一一三八）の『春秋伝』は長く読まれた。

同書は歴史論を行う場合には必ず問題になる経書であった。儒教は道徳によって歴史を裁断するが、その典範として同書があった。そして『春秋』を単なる歴史書としてしか見られなくなった時に、歴史と道徳の分離が起こったのは、『詩経』と文芸の関係とよく似ている。

⑤『礼記《らいき》』

『礼記』は、前漢の戴徳が編集したという書である。礼の規定、礼にまつわるエピソード、礼に関連する儒教的議論などを中心に、全部で四十九篇あるが、内容的にはかなり雑多である。孔子たちの葬礼にまつわるエピソードを説いた「檀弓《だんぐう》」、古代の理想的平等社会である「大同」を説いた「礼運」、時令を説いた「月令《がつりよう》」、音楽の理論と実際を説いた「楽記」、個人の学問修養から天下統治までの段階を説いた「大学」、天と人の関係論と誠の思想で有名な「中庸」なども本書に含まれている。

この『礼記』に『周礼《しゆらい》』と『儀礼《ぎらい》』を加えた三書を「三礼」と呼び、儒教の礼関係の経書の中核に位置する。

このうち『周礼』はもとは『周官』と呼ばれた。官僚制度を述べた書で、中国の官制の規範になった。

『儀礼』は『士礼』とも言う。個人の冠婚葬祭や公的諸行事の規定などを書いてある書であって、具体的な礼の内容を問題にする場合には同書が登場することが多い。ただその規定通りに行うのはたいへんな手間と費用がかかり、歴代それをアレンジした形の方が通行していた。

⑥『論語』

孔子の語録であるが、孔子の生活態度とか弟子の語もまじえている。もとは少年の学習書とか啓蒙書という性格が強かったが、宋代以後は儒教の重要な思想書としてひときわ重い位置を占めるようになった。同書が重要なのは、儒教の祖師であり徳の最高の体現者である孔子像を、同書から引き出せるからである。同書をもとに種々の孔子像が描かれ、それは儒教のイメージの多様化に貢献した。

⑦『孝経』

孔子の弟子の曾子が作ったと伝える。儒教の重要な実践道徳である孝を説いていて、孝についての議論の重要な根拠とされてきた。また少年の学習書でもあり、六朝時代では宗教的に取り扱われて仏典や『老子』とならんで読誦されていたこともある（吉川忠夫『六朝精神史研究』、同朋舎出版、一九八四）。

（3）経書の使用法

経書はこのように種々の方面の議論の典拠とされ、また議論内容の規制にもなっていた。政治を語る場合は『書経』、文芸の場合は『詩経』、歴史は『春秋』といった具合である。経書が基礎的教養教育の基盤になっていたがゆえに、儒教的言説は精神生活の隅々にいきわたっていたのである。

ところで経書の使用方法の一つに「断章取義」がある。「章を断つ」とはもとの文脈からその箇所を裁断すること、「義を取る」とは使用意図にあわせて適宜解釈することであって、文章や詩の一節を引用する時に本来の意味にとらわれずに使用することである。すでに『論語』における詩の引用にはそれが見られ、歴代の儒者もこのような経書の例については「断章取義」であることを認めざるをえなかった。

ただ一方では漢の時代から訓詁《くんこ》学《がく》という文字や文義の厳格な考証の学問が積み上げられ、さらに音韻学の発達が新たな考証の世界を切り開き、それは清朝の考証学で頂点を極める。このような原文の厳密な考証が蓄積されるのに並行して、古代の断章取義がいかに自由な解釈をしていたかがますます明らかになっていった。一方では『論語』をはじめ断章取義を行っている書物自体が経書であることから、厳格な考証と、断章取義の両方を同時に認めるという独特の解釈の空間が形成されたのである。

この「断章取義」の容認は、明代くらいになると、特に『詩経』についてであるが、逆にこの「断章取義」こそ経書の読み方であると開きなおる立場も導き出した。ここに作詩者と読詩者の分離が起こり、新たな文芸への視覚が開かれたことは、先の「詩経」の項で見た通りである。それは『詩経』の詩の原義がそれを引用している経書の解釈と異なっているという認識がより切実になったがゆえであって、実は『詩経』の本来の内容をより正確に理解することと表裏であったのである。

経書群の内容の雑多性、また断章取義の伝統などがある中で、経書を統べる統一的理念の摘出に力を入れる儒者たちもいた。特に宋代からその気風が盛り上がり、その代表者は朱熹であった。このような場合は経書群から経書の選別をしたり、経書の中の一部を否定することもなされた。また心の実感力を判断基準にする王守仁(陽明)らの心学者たちは、さらに自由に経書に向かった。一方で、厳密な文字や語句の解釈学の伝統は生き続け、漢から起こった訓詁学は中国の学術の栄えある伝統となった。また漢字の発音が歴史的に変化するという認識が生まれてから顕著な発達をみせた音韻学は清朝の考証学の基盤になった。近代以後、特にこの面を重視し中国学術の精華として称揚したのは日本の京都学派である。しかし経学全体としては、このような精密な考証学がある一方で「断章取義」の容認のような面も存在したのであって、この多層性は近代的価値観の尺度では測りきれないところがある。

(4)経書の機能

儒教は、学派はあっても、統一的宗教的組織を持ってはいない。中国、朝鮮、日本などにわたる国際的組織はもとより、一国の内部でもそうであった(政府の教育機関は別であるが)。その儒教を時空をこえて儒教と認識させ続けることを可能にしているのが経書なのである。特に重要なのは仏教のように師の認可の類を必要としないことであって(前漢において一つの経書のみを学び師の解釈を伝授した「一経専修」などのようなこともあったことはあったが)、基本的には経書に典拠を得られれば儒教として主張ができ、その意味で経書は他宗教の経典以上に重い意味を持つのである。

そこで経書の解釈学である経学が重要となる。経学は儒者たちの最大の議論の場であった。あれほど哲学的議論を詳細に展開した朱熹も、みずからの主著は『四書集注』という注釈書であると自己認識していた。先述のように、心の実感を最終的な判断根拠にして経書の規制から自由であろうとした泰州学派(陽明学派の一つの流れ)も、『大学』(『礼記』大学)や『易経』を議論の根拠とした。経学史をたどると多岐にわたる儒教各派の思想の流れが把握しやすいのであって、台湾は以前からそうであるが、特に中国では近年また経学史研究に光があたっている。それも単に経書の個々の事項の解釈を対比していくのではなく、それぞれの儒者の思想全体の表現のエッセンスが経学にあるという認識のもとになされているのである。その契機となった書として、朱伯崑『易学哲学史』全四巻（修訂本は華夏出版社、一九九五、それをもとにした邦訳は、伊東倫厚監訳、近藤浩之編『易学哲学史』全四巻、朋友書店、二〇〇九）をあげておきたい。

（5）経書と漢文

なお経書は、文章語である漢文で書かれている。また漢文文献によって伝達される漢文文化の中には歴史書や詩などもあるが、その中核に位置するのは何といっても経書であった。この漢文文化が朝鮮、琉球、ヴェトナム、日本に広まった時、それは同時に儒教的徳育教育をふりまくことになった。中国文化の中核に位置する漢文文化の影響を受けるということは、同時に経書の学習が行われるということであり、かくて儒教受容の土壌ができるということなのである。そして経書が漢文であるということは、学問が統治に携わる階層の専有物であるという状況を長く続けさせることになった。

中国では皇帝のもとで統治に参画する官僚および官僚予備軍を「士大夫」と総称する。この「士大夫」は同時に読書人であった。この「読書」の「書」とは、漢文を指す。中国では、文章語である漢文の他には、口語の共通語である役人言葉（官話）、各地域で話される方言がある。庶民は方言しか話せないが、役人になれば官話と漢文を操る。つまり漢文の読み書きができるということは統治者側に立つことを意味し、その漢文で書かれた書物の代表が経書である。この学習は単なる言語習得にとどまらず、同時に経書をもとにした道徳学習であり、また士大夫は単なる古典の素養を持つ文化人ということだけではなく、統治に参与するに足る道徳所有者という意味を持ったのである。

漢文は、それによって書かれた古典が常に典拠とされ、しかもその古典が長い年代にわたって作成されてきたために、時に語法的な統一がとれていない。それでも漢文が漢文として成り立っているのは、古典の用例を踏まえさえすれば漢文たりうるからである。そしてそれゆえに、漢文は時空を超えた普遍性を持つ一方で、一つの文章が複数の意味に解釈しうるという現象を往々にして見せることになる。漢文のこのような普遍性と解釈許容性が、中国を越えた朝鮮、日本、琉球、ヴェトナムへの漢文文化の拡大に貢献し、その漢文文化に乗って儒教もまた広まった。ただ中国と同様に、他の地域でも漢文以外の地元の言葉、たとえば日本の江戸時代ならば各地の方言と全国共通の候文《そうろうぶん》が存在し、庶民はこれらのみを使用したのであって、漢文の世界に参画できる層が限られていたという点では中国と同じであった。後で触れるように儒教の啓蒙の努力がなされていたにしろ、儒教の担い手の中核は、やはり統治に関わる層かあるいは文化人だったのである。もっとも江戸時代には庶民の文化人も数が多くなっていくが。

なお漢文の権威は仏教にも影響した。いわゆる漢字文化圏では仏教の経典はサンスクリット語の原テキストではなく漢訳経典が使用され、朝鮮、日本では現地語の翻訳は皆無ではなかったが、漢訳の権威はゆるがなかった。

2 礼

(1)礼の本質

儒教で学習されるべきものは何と言っても経書であるが、それ以外に重要なものとして礼がある。

儒教では礼を習い、それを実践することは、必須であった。そこで求められるのは具体的な礼法であって、それは、「礼儀三百、威儀三千」(『礼記』中庸)と言われるくらい多い。礼の網の目によって社会は安定すると、儒教では考えるのである。

礼の最重要条件は、①聖人あるいは王者が規定したものであること、②内容が天下に一律であること、③万人にその内容が行きわたること、④忠孝思想と背馳しないことである。

まず①であるが、「天子でなければ礼を議さない」(『礼記』中庸)とあるように、礼の製作は天子(王者)あるいは王者を補佐する聖人や賢人が行うものである。周公は武王の弟であるが、周の礼制を作り上げたと伝えられる。さらに南宋の朱熹のように、一士大夫が『文公家礼』という礼書で礼の規定作成を試み(同書は朱熹の弟子によって完成されたとも言われる)、それが朱熹の学問(朱子学)の国教化とともに権威となった場合もある。ただこの書の内容は、国家儀礼ではなく、冠婚葬祭などの個人の礼法が中心である。

①であれば、当然②のように内容は一律であり、③のように天下に施行され万人に行きわたる

はずである。④が礼の要件となるのは当然のことである。そしてそれが徹底されるには、礼の具体的内容とそれを遵守する精神を教える教化の力が必要である。中国は家族が細胞のように限り無く並ぶ社会であるが、教化の結果、家族が礼によって秩序立てられて安定し、さらに家族を超えた社会における礼で天下全体が調和するというように考えるのである。礼が社会全体の「名分」を正すものとされたのはこのためである。なお儒教の重要な主張の一つに「名（名分）」と「実（実質）」の一致がある。中央権力がいかに強かろうと天下の隅々まで目を光らせて規制するのは困難であるが、万人が礼によって自主的に秩序維持に参画すれば、天下は期せずして安泰になるはずである。儒教では礼楽と言われるように礼と並んで重要な楽（音楽）の効果について「移風易俗（風俗を変える）」（『孝経』、『礼記』楽記、『史記』楽書二）ということが言われるが、礼も風俗全体の改善があってこそ本格的に機能するのである。

この礼は具体的に行わなければならないがゆえに、時代とともに変わる社会状況や生活環境に合わせて変化せざるをえない。『論語』に、「孔子は言われた。殷は夏の礼を踏襲していて、増減しているところがわかる。周は殷の礼を踏襲していて、増減しているところがわかる。周を継承する者がいれば、百世先でも推測がつく」（「為政」）とあるように、夏、殷、周のそれぞれの王朝の礼は継承するものも、変化するものもあった。そこで王朝ごとに儀礼はむしろ変えなければならず、また個人が行う礼もその時代へ適合した礼が求められることになる。つまり②のように礼は空間的には一律でなければいけないのであるが、同時に時代の変化に適応して改編されることも必要なのである。先に触れた『文公家礼』も新時代の士大夫の礼として、かくて作成されたのである。

（2）集団の儀礼と個人の礼法

礼は、かなり範囲が広く、個人の礼儀作法から、集団で行う国家の儀礼までも含むが、この中で特に明確に規定しておかなければならないのは国家的儀礼であって、歴代の王朝はその研究機関をおいた。

個人の礼法の方であるが、経書における礼の規定は、経書ごとに差異があるうえに、実際に行うのはかなり困難がともなった。最も整備されているのは『儀礼』であるが、その内容はあまりに煩瑣であり、実行するには費用もかかる。特に時代が変われば生活方式も変化するのであって、経書通りに行うのは現実味が薄くなった。また先に述べたように、礼はむしろ時代とともに変わるべきなのであるから、その時代にあった個人の礼を改めて規定する必要が生まれてくる。そこで種々の試みがなされたが、その代表が先にも触れた『文公家礼』であって、このような書物の権威を国家が保証したということは、礼を行きわたらせるうえでは画期的であった。礼教社会は古代の漢の時代に確立したと以前は言われていたが、むしろ礼が社会に浸透したのは、宋以後であるということが近年種々の形で強調されており、その際に『文公家礼』の存在は重要な意味を持っていたと言えるのである（近年の宋以後の礼の思想的社会的研究をリードしたものに小島毅『中国近世における礼の言説』、東京大学出版会、一九九六がある)。

ただ同書は礼の典範として権威を持ったものの、中国全土が全てこれに一律にのっとったわけではない。礼とは即物的に実行するものゆえ、各地の生活様式や気候条件などに左右されてしまうのである。たとえば埋葬前の「殯《ひん》」を期間通りに行うのにはかなりの無理がある。『文公家礼』では三ヶ月としているが、古代の礼の規定では、天子は七ヶ月、諸侯は五ヶ月、大夫、士、庶人は三ヶ月となっていた(『礼記』王制)。しかし実際には必ずしもみなその通りに行っていたわけではなく、漢の皇帝などは多くが二ヶ月か三ヶ月である(藤川正数『礼の話』、明徳出版社、一九九三)。ちなみに『文公家礼』で三ヶ月とするのは、古代と異なり、科挙に合格し実績次第ではいくらでも高位高官にのぼりつめられる可能性を持つ科挙社会では、皇帝以外は一律に士大夫だからである。しかし皇帝ですら規定通りなかなかできないのは、仏教以外では火葬を行わない中国においては遺体の保存が困難だからである。特に南方は高温多湿であるからその状況が甚だしく、かくて各地の慣行は依然として残ったのであるが、『文公家礼』の規定に能うる限り近づけようとするベクトルは常に働き、それを唱道することで地域在住の士大夫はその地域の慣行に染まらず、普遍的原理を遵守する自己の知識人性を顕示できたのである。

(3)三年の喪

この礼の規定は、人間の感情と社会の秩序の両者のバランスによって定められている。礼の中で最も重要なのは親に対する礼であって、その中でも親が死んだときに行う「三年の喪」は古今東西変えてはならない礼とされた。孔子の弟子の宰我の「三年の喪は、一年でも長いくらいです」という質問に、孔子はこう答えている。「宰我（宰予）は不仁だね。子は生れて三年たってから、父母のふところから離れる。そもそも三年の喪は、天下の通喪（共通の喪）である。宰我も三年の愛をその父母から注がれたであろうに」（『論語』陽貨）。『礼記』にも孔子の語として「そもそも三年の喪は、天下の達喪（共通の喪）である」（「三年問」）とあり、また、「……三年の喪は、天子にまで求められる。父母に対する喪は、貴賤の別なく一律なのである」（『礼記』中庸」）とある。

この三年とは実際には、二十五ヶ月ないしは二十七ヶ月なのであるが、それはともかくなぜこの期間なのかというと、それが「情（人情）にかない文（秩序）も全うするからである」（『荀子』礼論、『礼記』三年問）。親を失った悲しみは限りなく深い。しかし永遠に喪に服していくわけにはいかない。そこで王者が社会秩序維持とのバランスを取ってこの期間にしたのだと言うのである。死者に対する喪服は五種類があり、それは、「斬衰《ざんさい》」、「斉衰《しさい》」、「大功」、「小功」、「緦《し》麻《ま》」の五服である。この五服の服とは文字通り喪に服する時の衣裳のことであり、重い喪の時ほど粗末であり、軽い場合ほど平常の衣服に近づく。悲しみが深いほど衣服にかまっていられないということであって、具体的には、先述のように「斬衰」がふちを縫っていないのに対し、次に重い「斉衰」がふちを縫っているという具合である。

この五服はまた喪に服す期間と連動し、「斬衰」は三年、「斉衰」は三年、一年、五ヶ月、三ヶ月、「大功」は九ヶ月、七ヶ月、「小功」は五ヶ月、「緦麻」は三ヶ月である。血縁の濃い方から薄い方へと服する期間も順次短くなっているのであって、このように服装や期間を親疎関係と比例させているのは、感情の段階的一律性という前提があるからである。本来喪失感や悲哀の念は人によって異なるはずだが、その要素は考慮されない。ここには感情の尊重がありながら、同時に形式性が確固として存在しているのである。ともかくも礼のこのような性格は、しばしば引用される『礼記』の次の語に端的に現れている。「礼とは、人の情に依拠してそれを節分（秩序あらしめた）したものである」（「坊記」、なお「斬衰」は君主の死にもあてはめられる場合がある）。

（4）礼の前提

ただ礼の持つ形式性は、それが長期にわたって実際に施行されている間に、単なる形式性以上のリアリティーを生じていった。中国における礼をめぐる議論は、まずその前提として士大夫の社会では礼が部分的とはいえ日常で行われていたという現実がある。その内容は必ずしも礼書に記されている通りではないが、少なくとも礼として見なされていたのであって、所与のものとして感じるには十分であった。礼は単なる言説ではなく、肉体を以て実践するものである。朱熹は、古代は八歳で小学に入り、灑掃《さいそう》（掃除）、応対、進退の類の礼儀作法を体で覚え込ませ、十五歳になってから大学に入り、小学で身体化したことをふまえて理論学習に入ったとした（「大学章句序」)。まず基本的礼法を身体化することが重要なのであって、このように礼は理論以前の実在であらねばならないのである。

このように礼とはまず理屈以前の実践が求められ、その際の心構えとして持ち出されるものの代表が「敬」である。『礼記』の冒頭は「敬せざるなかれ」から始まり(「曲礼 上」)、その箇所の鄭玄の注には「礼は敬を主とす」とある。また『論語』にも「上が礼を好めば、民はあえて敬しないということが無い」とあり(「子路」)、また「礼を行って敬しない」ことを否定する(「八佾」)。敬とは尊いものを下から上へ見上げる精神状態であり、また宗教を定義する際にPietyが持ち出されることもあるのであって、このような敬虔さを日常万般に要求するということは、ある種の宗教的心情を日常に持ち込んでいるとも、宗教的なものへの渇望をこの段階に止めているとも言える。礼を日常的に実感する機会の少ない欧米の研究者の中には、前者のように礼を見る者もいるが(たとえばハーバート・フィンガレットは礼を解釈する際に宗教的方向へと引っ張っていく。フィンガレット著・山本和人訳『孔子——聖としての世俗者』、平凡社、一九八九、原書はFingarette, Herbert. *Confucius; The Secular as Sacred*, New York: Harper and Row, 1972)、逆に礼の日常性を体感して育った者は前者のように言い切るのには感覚的に躊躇を覚えるかもしれない。もっともこれについては中国、朝鮮、日本で、またそれぞれの各世代で、感じ方が異なることもありえよう。ともかくも筆者は、儒教の礼において要求されている敬とは、通常は非日常的な宗教儀式の場においてのみ凝集して発揮される心情を、限り無く続く日常生活の中で平均して馴らした感覚、つまり平常心と連続した敬虔さ、とでもいうものではないかと思っている。

(5)礼と法

礼はしばしば法との関係が問題になる。中国の法とは律令であるが、律は刑法、令は行政法の類であって、刑法が法の代名詞のようになっている。これはしばしば民法が発達したローマ法と対比される。刑法とは、犯罪がおかされてから適用されるものであるのに対し、礼はそのような行為に及ぶ前に自己規制するものである。それゆえ礼が法よりも優先することになる。『論語』では孔子の次の語をのせる。「政治で導き、刑で秩序あらしめようとすれば、民は逃れても羞じない。徳で導き、礼で秩序立てれば、民は廉恥心を起こして改心する」(『論語』為政)。法の登場は、礼が全うされない場合である。礼は自己規制であり自律的だが、法は国家という他者からの規制であり他律的であって、礼はそれを自主的に行うように教育の力が借りられる。

先にも触れたように、儒家と法家の対立は、徳治と法治が基本にあった。ただ中国で法は必要悪と認識されていたと言われることがあるが、実際には法は王者が制定したものであって、権威あるものであった。ただ中国の法は細部までの規定が少なく、実際に施行する場合には、前例や、その時の状況が左右した。裁判においても、「法」と「情」と「理」が判決の決め手になったというように、情とか理とかの要素、つまり関係者や一般人の心理や、通常の価値観などが働いたと言われている(滋賀秀三『中国家族法の原理』、創文社、一九六七、同『清代中国の法と裁判』正、続、創文社、一九八四、二〇〇九)。

礼はもともと士大夫が行うものであった。「礼は庶人にくださない。刑は大夫にのぼさない」という語が『礼記』にある(「曲礼 上」)。民は刑でとりしまるものであった。宋以後、次第に民にも礼を浸透させようとする方向が出てくるが、基本的には民は治められる対象であることには変わりはなかった。しかし最も求められたのは、極力刑を行わないように風俗を醇化することであった。

礼とは対他関係の中で施行されるものであり、その中でも家族の礼は重きを占める。もちろん礼は家族関係のみならず社会の中での交際などにわたるのであって、家族個人主義ともいえるほど強固な家族の枠を少しでも社会に広げる効果も持っていたが、礼が家族制度を支える重要な契機であることには変わりは無い。つまり礼教社会は家族主義あるいは宗族主義と重なるのであって、かかる伝統的な社会のあり方からの解放を近代改革派、革命派の知識人は「礼教批判」として唱えたのである。

3　儒教と習俗

習俗と儒教との関係については先にいささか触れたが、微妙な問題である。気をつけなければいけないのは、儒者たちが習俗を単純に儒教と認定しているわけではないのであって、現代人がとかく前近代の習俗を儒教的と言いがちなのと、話を混同しないようにすることである。もし前近代の中国や日本の習俗を無批判に儒教的と言うのであれば、結果的には世界各地の近代以前の習俗のかなりの部分が儒教ということになってしまうであろう。特に祖先崇拝の習俗は重要であって、確かに祖先を崇拝すること自体は儒教と矛盾しないし、儒教発生の母胎の一つであり、中国以外の地域では儒教を受け入れる受け皿ともなったのであるが、ただこれを無批判に儒教としてしまうと、儒教の影響を受けなかった地域や儒教受容以前の状態にも儒教の存在を認めることになろう。

中国では、儒教と習俗とは必ずしも最初から矛盾する関係ではないし、習俗をふまえたところも多々ある。しかし習俗が儒教の許容範囲を超えた場合、儒教はそれを規制にかかるし、そういう時に儒教が意識されることが多い。たとえば死者の魂を呼び返す「復」の儀式が礼にあるが、もしそれによって死者が本当に生き返ることを望み、巫術的方向に流れていくのであれば、儒教はそれを否定するはずである。儒教では死者の再生を認めない。仮に儒教が巫術的世界から登場してきたという考えが正しかったとしても、巫術から脱却したがゆえに儒教たりえているのである。

習俗との関係の例として、風水を取り上げるならば、儒教は葬礼を重視するゆえ、当然墓にも強い関心を持つ。中国や朝鮮では一般的にその墓の場所を選ぶ時には風水によることが多く、有名な儒者でもその例は少なくない。しかし風水に過度にこだわり、いわば風水を自己目的化していくということになれば、儒教はそれを許さなくなる。風水はあくまでも儒教の教説を邪魔しない範囲で容認されるのである（この問題については、水口拓寿『風水思想を儒学する』、風響社、二〇〇七）。

習俗のような民間の慣行は、儒教のようなイデオロギーの世界とは次元を異にするところがある。以前、道教談話会というものが日本で複数回開かれ、その第一回の時に「道教とは何か」について議論がなされた。その際の基調報告で澤田瑞穂氏が、「民衆道教」という言い方に言及し、民衆という場面では、道教、仏教、儒教の各要素が同居するのであって、無理に「民衆道教」というような言い方をするよりもあっさりと「民間信仰」と言えばよいのではないかと言われた。一時、中国、日本の生活文化に対する道教の影響の強さを言う論が注目されたが、その後、今度は儒教や仏教をその位置に置く議論がなされている。このような状況が出来するのも、習俗というものを無理に特定のイデオロギーの占有物にしようとすることと関わっているように思われる。

4　儒教の啓蒙

儒教は士大夫が中心の教説であるが、同時に種々の啓蒙が行われた。啓蒙には、幼少年に対するものと、庶民に対するものがあり、前者は後者にも転用できた。

幼少年に対する儒教の教育は漢字や漢文の習得と兼ね合わされていた。特に宋代以後の科挙社会では、士大夫の間で科挙合格のために、幼少年の頃からの漢字、漢文と儒教的倫理の学習が常態化されることになったのである。かかる幼少年教育の必要性は、朱子学の中で強く自覚された。

朱熹の作と伝える『童蒙須知《どうもうしゆち》』というものもあり、朱熹の門流ではこの方面の著作が作成された。もちろん宋以前にも啓蒙書は書かれ、特に孝の道徳の啓蒙には力が入れられた。士大夫として君主に忠誠を尽くすのと、民衆が王に帰順するのとは性格が異なるのに対し、親に対する孝は基本的に士大夫も庶民も同様だからである。親孝行の説話は多数作成されたが、特に有名なものでは『二十四孝』がある。同書は様々なバージョンがあり、日本でも多数の翻案が作られた。

また説話ではなく実録としては、中国の歴代の歴史書に孝子の伝記が載せられた（「孝義伝」、「孝行伝」、「孝感伝」）。また日本でも、江戸時代に狂歌、狂詩、洒落本の作者としても有名な大田《おおた》南畝《なんぽ》（蜀山人、一七四九～一八二三）も関わった『孝義録』などがあり、孝の教化に資している。

庶民に対するものとしては、明や清にはたくさんの「善書」が作成された。「善書」とは「勧善書（善を勧《すす》める書）」の意味であるが、その善行の内容は儒教道徳と一致する。ただ単に善行の勧めだけではなく、善行の結果として福がもたらされることを説いて説得力を増そうとするケースが多く、その福をあたえる神格として道教系列の神が登場してきたりする。先に触れたように、庶民の段階では民衆儒教も民衆道教も民衆仏教も実は重なることが多いのである。

5　儒教と芸術

またここで、儒教が美術や音楽の領域にどのように展開したかも考えておきたい。

およそ宗教たるものは、美術や音楽を有効に使用するのであって、それは仏教やキリスト教を考えてみれば容易に理解できるところである。そしてそれは、宗教的意味を超えて、芸術として鑑賞の対象になってきた。

それでは儒教はどうであろうか。まず音楽は、礼楽として礼と並列されるように儒教にとっては必須の領域であった。また孔子が音楽に対して思想的意義を超えた芸術的感動を覚えていたのは『論語』の内容から推察できる。ただそれがキリスト教音楽のように、次々と個人の新作が作られ、それが芸術として観賞の対象になるということはなかった。音楽は自然界の波長を音律をもとに作られ、儀礼を行う際に礼が参加者にそれぞれの位置と所作を規範通りに維持させる堅い面を受け持つのに対し、参加者相互をなごませ調和させる意味があった。そこに心理的効果が期待されてはいたのであるが、音楽芸術として多様な表現を生み出していくよりも、一律化の方に常に動くベクトルを持っていた。

特に美術の場合は、孔子を描いた絵画や彫刻や、孔子の生涯を描いた画伝の類などはあり、それを儒教美術などとうたうこともあるが、芸術的な評価は得られていない。もともと孔子廟にはたいてい孔子像が無く、それ以外の場所でも数が少ないことを魯迅が言っている（前掲の「現代支那における孔子像」）。少なくとも、美術全集の類にキリスト教や仏教のものが溢れかえっているのに比べると、寂しい限りである（偶像崇拝を否定するイスラム教などはまた別に考えることになろうが）。

これは儒教が天上や来世への憧れと無縁のものであることが大きく作用しよう。また天帝や孔子の画像や彫刻が崇拝の対象にならなかったことも関係していよう。魯迅は先のように言ったが、孔子廟に孔子の像がおかれていることは無いわけではなく、現在、本家の曲阜の孔廟（孔子廟）でもそうである。しかし先にも引用した語であるが、朱熹などは「もし（孔子の）塑像を高々と上に安置し、器や皿を地に並べるならば、それは何の道理も無い」（『朱子語類』三）と、孔子像の必要性を否定している。そもそも朱熹は、神格というもの自体に冷淡なのである、「今もし天には文王がまことに上帝の左右におられると言い、世間で作る塑像のように本当に文王がおられるとするのならば、もとより誤りである」（同上）。祈りとその対象の霊が反応しあうのは、祈る側の気によって霊や神の側が反応するからなのであって、祈りがやめば反応も消えてしまう。これは祭祀の主導者が、祈られる側よりも祈る側に一元化されているということであろう。神格が歴然と恒常的に存在し、そちらから適宜万人に働きかけてくるという構図とは異なる以上、その神格を形象化する意味が希薄なのである。

また宗教は文学にも関係する。膨大な量のキリスト教文学や、仏教文学は、文学のジャンルを豊かにしてきた。それでは儒教文学はあるのであろうかと言えば、それに対してもやはり否定的に答えることになろう。たとえば孔子の生涯の図に賛文や賛詩を付した「聖蹟図」が明から清にかけて多く作られたり、説話の類も中国のみならず日本でもあったことはあった。題材に儒教関係の内容が選ばれるのは驚くにはあたらないのであって、それだからといってキリスト教や仏教と質量ともに張り合えるものではあるまい。儒教の場合は、小説や戯曲の類よりもむしろ歴史書の方が重要であって、これも儒教の特質と関係していると見なされよう。

儒教とても芸術の効果を全く無視しているわけではないが、そのあり方や比重がキリスト教や仏教などとは異なるのであって、そのことは儒教の基本性格を明らかにするうえでも、さらに立ち入って考察する必要がある。

七　儒教の社会観・政治観

1　徳治主義

儒教は、尭、舜、禹、殷の湯、周の文王、武王といった王者たちが統治した理想の社会が過去に実在したことを信じ、それに復帰することを説く。かかる聖王統治の御代はあまりに理想的であって、現実にそれを実現することの困難さは感じられながらも、かつて現実に存在した以上、目標として設定されるに足る。儒教は、地上に理想的規範を持ち、地上で実現するのを目指すのである。

儒教の理想的政治は、王者の徳による統治である「徳治」であり、過去の聖王たちもこれに拠ったことになっている。徳治が成立する条件としては、頂点に立つ天子も、その下で統治に参画する士大夫もともに有徳者であることである。それによって庶民に対する教化も十分になされ、天下が全て徳に満ち安定する。法が外部からの他律であるのに対して徳は内面からの自律であらねばならない。そこでまず統治者側の学問修養が基礎になり、そこから次第に外部への感化、民への教化へと拡大していくことが説かれる。また統治される民もその教化を受け入れる能力が備わっているとされるのであって、中国において性善説が主流になったのもこのような考え方と無関係なわけではない。

それでは徳を所有していることは何が保証するのであろうか。天子の場合は、有徳者にこそ天命が降り天子の位があたえられるという論理から、天子であること自体が有徳の証ということになる。実際には現実の天子は有徳者とは限らず、そのことは陰に陽におわされている。かくて失徳の天子のもたらす失政の弁護のためや、かかる天子の暴走を予防するための手段として、天子を補佐する官僚群の責任が大きく取り上げられるのである。

それでは官僚における徳の所有は何が保証するかというと、経書の学習経験なのである。先述のように士大夫こそが漢文を操れ、経学を通して儒教を身につけられ、徳を涵養できる。次の語のように、精神労働は士大夫の、肉体労働は民の職分なのである。「心を労する者は人を治め、力を労する者は人に治められる。人に治められる者は人を養い、人を治める者は人に養われる。これが天下の通義である」（『孟子』滕文公 上）、「君子は心を労し、小人は力を労するのは、先王の制である」（『春秋左氏伝』襄公九年）。

旧中国ではブルジョアジーは育たなかったということが言われる（費孝通著・小島晋治訳『中国農村の細密画——ある村の記録　一九三六〜八二』、研文出版、一九八五、原本は、Hsiao Tung, Fei. *Chinese Village Close-up*. New World Press, 1983）。なぜかというと、庶民で商業に励み蓄財をする者が出ても、結局は士大夫層への参画に心を砕くこととなり、ブルジョアジーとしての独自の階層を形成することはなかったからである。そこにあるのは、士大夫の社会と文化の腰の強さであるが、科挙による身分の流動性が逆にこの構造を維持する原因となっていることは注意を要する。

科挙に合格するのには膨大な学習時間が必要であって、経済的にゆとりが無い者の合格の可能性は低い。しかし受験資格の緩さは、部分的ではあっても士大夫と民の間の昇降を可能にした（実際のデータは、何炳棣著・寺田隆信・千種真一訳『科挙と近世中国社会——立身出世の階梯』、平凡社、一九九三、原書は Ho, Ping-ti. *The Ladder of Success in Imperial China, Aspects of Social Mobility, 1368–1911*. Columbia University Press, 1967）。その点では、日本の江戸時代における士農工商の身分制度よりは柔軟であったと言える。しかしそのことは逆に士大夫と民という構造を温存することにもなった。民の出世頭は次々に士大夫層に吸収されていくからである。日本では身分制度のゆえに商業は商業独自の意義を主張するようになり、また漢文以外で仮名でも思想書も書かれることが常態化し、商人道を説く多数の書物も出版された。中国でも明の中期から陽明学の一派である泰州学派から庶民思想家が登場したり、商人の自覚と社会的地位が上昇したという現象は見られなかったことは無いが（余英時「士商互動与儒学転向——明清社会史与思想史之一面相」、郝延平、魏秀梅主編『近世中国之伝統与蛻変——劉広京院士七十五歳祝寿論文集』上冊、中央研究院近代史研究所、一九九八）、それでも上述の基本構造を崩すことはなかった。

2 家、国、天下

(1)家

先に触れた『大学』の八条目は、「修身」までが個人の学問修養、そこから先の「斉家」、「治国」、「平天下」が個人をこえた領域であった。つまり儒教では学問修養の効果は、個人から家、家から国、国から天下へと拡大していくとするのである。

儒教ではあらゆる人間は家を持つことが前提となっている。子が無い人間はあっても親が無くて生れてきた人間はいない。子から見た親というこの関係は万人に普遍的なものであって、その関係こそが全ての人間関係のもとなのである。

子は父と母から生れる。そこで父と母と子の三者が必須の単位になる。牧野巽氏の先駆的研究によれば、古代はむしろ核家族であって、大家族化は宋以後進行した（『支那家族研究』、生活社、一九四四、『中国近世宗族研究』、日光書院、一九四九）。宋以後となると、家族よりさらに大きな枠の宗族の重視が顕著になり、一族の系譜（族譜）が作成され、一族の救済機関の義荘が設けられるようになる。宋以後充実した科挙制度は栄達の保証が一代に限られる制度であるが、その一方では血族の永続性の維持が図られていったのである。

家を維持していくうえで重要なのは結婚して男子を生んでいくことであるが、結婚する場合には「同姓不婚」というタブーがある。「妻を娶《めと》る場合には、同姓とはしない」（『礼記』曲礼 上）、

「男女が同姓であれば、生育する者は多くならない」（『春秋左氏伝』僖公二十三年）。「女官には同姓を取ってはならない。生育する者は多くならない。……男女が姓を分かつのは礼の大本である」（『春秋左氏伝』昭公元年）。「三国の女子を娶るのはなぜか。異姓の幅を広げるためである。一国の血脈だけでは子がいなくなってしまうかもしれないのである。……同姓を娶らないのは、人倫を重んじ、淫泆を防ぎ、禽獣と同類になるのを恥じるからである」（『白虎通』嫁娶）。同姓不婚も、近親婚ゆえ、子孫繁栄を阻害するからであって、もしこれを犯せば禽獣に類するのである。このように近親婚に対する警戒がここにはあるが、同時に中国のような家族結合が強固な場合には、同姓での結婚を認めてしまうと、それぞれの姓の相互の関係がますます希薄になり、国家として不都合をきたすということもあった可能性がある。この問題をいち早く指摘したのは王国維（一八七七〜一九二七）であった（「殷周制度論」、『観堂集林』一〇、一九二一）。王国維の場合は、周王朝が同姓不婚にしたのは、王と同姓の諸侯の中で婚姻を繰り返してしまうと、他の異姓の諸侯との関係が疎遠になり、天下が不安定になることへの危惧があったという話であるが、同姓不婚のタブーの存在があったからこそ、家族結合が強固である中国や朝鮮にあって異姓どうしの交流が保たれたのである。

この家族結合の強固さを述べた有名な孫文（一八六六〜一九二五）の言葉がある。「はたからみている外国人たちは、中国人は一面にまかれた砂であると言う。その原因はどこにあるのか。それは一般人民には家族主義、宗族主義だけがあって、国族主義が無いからである」（『三民主義』

みの利益を考える家族個人主義なのである。

「民族主義・第一講」)。つまり孫文からすれば、中国とは家族、宗族(家族を親族まで拡大したもの)が細胞のように限りなく平坦に並ぶ社会であって、そこにあるのは、各家族が自己の家族のみの利益を考える家族個人主義なのである。

(2)国、天下

儒教では家族結合は特別の意味があったが、天下の統治を問題にする以上、そこから家族外への拡大もあわせて説くことになる。それゆえ「斉家」は次の「治国」を通して「平天下」へと続くのである。

「国」は諸侯が統治する地域である。そして国の上位には王が統治する「天下」がある。つまり「中国」とは他の国々と並列する一つの国ではなく、世界全体であった。中国では、宇宙は天と地からなる「天地」であり、それを人間社会中心に捉え直すと「天下」となる。先にも述べたように、天下にはただ一人の統治者(皇帝、天子、王)しかいない。万民はその一人に忠誠を捧げるのである。天子を頂上とするピラミッド型の社会観は「天下的世界観」などと言われたこともある。

なお戦国時代に各国の諸侯が勝手に王を名乗り、本来の王と紛らわしくなり、かくて王の中の王たる皇帝が登場する。秦の始皇帝は、その皇帝である。後世も皇帝(帝、天子)の一族が王として各地に封ぜられたが、特に宋以降は名目的であることが多かった。つまり国は諸侯あるいは王が、天下は王あるいは皇帝が統治するということになるのである。

日本では中国を呼ぶ場合には、漢とか唐とかいった王朝名を使う。漢文とか唐話（口語の中国語）とかいった類である。それは、「中国」という語は世界を意味するから国名ではなく、王朝名を使用するしかなかったからである。ちなみに「支那」は外国からの呼び名がもとで（起源については諸説有る）、外国からすれば中国は世界全体ではなく一国にすぎない。つまり支那は多くの国の一つとしての中国の国名として使われたのであって、英語のチャイナ、ドイツ語のヒーナ、フランス語のシンなどはみなこの系列である。それに対して中国における「中国」とは、世界の中心、あるいは国の中心地域という普通名詞であったので、江戸時代には、日本こそ「中国」であるという議論もなされた。ちなみに中国において「中国」という語が自国の国名として使用されるのは、近代になって改めて外国に向けていかに自分たちの国家を称するかということが問題となってからである（川島真『近代国家への模索』、岩波書店、二〇一〇）。

天下という世界に、世界帝国が順次生起し滅亡していく。これが中国であった。いわば世界帝国であったローマ帝国が入れ替わり立ち替わり現れたようなものである。そのような世界帝国を存続させた理由の一つに漢文という言語の存在がある。ヨーロッパにおけるラテン語のように、漢文という地域の方言をこえた言語の存在により、各地域は中央からの指令や情報を一律に受容し、また儒教もこの漢文に乗って天下に行き渡ったのである。

3　公と私

ここで儒教の社会観を考えるうえで重要な公と私について述べておきたい。公と私の境目は、社会と個人であることも、社会と家であることもある。中国は家族個人主義の国という言い方があるが、これは家が私であって、それらの私が細胞のように限りなく並んでいる世界というイメージである。これらの細胞がさらに国家という公に奉仕する構造かというと、ともすれば私それぞれが私の維持に向かっていくのであって、孫文がいらだったのはそのような状況に対してであった。

宋代になって道学（宋学）という学派が出てくるが、そこでは意識の普遍的な動きをそのまま公とした。朱熹など道学の思想家は「天理の公」、「人欲の私」という言い方を用いるが、天理に沿うのが「公」、人欲にふりまわされるのが「私」なのであって、意識が天理なのか人欲なのかを、その人物の行為が全て公になるか私になるかの分かれ目としたのである。これは「私」の空間を限りなく無くしていくという議論である。

それに対して明になると、まず私の領域を認めたうえでそれから公をさぐろうという議論が出てくる。つまり個人段階ではあくまでも私であって、その私の調和点に公を見出そうとするのである。明末清初の黄宗羲は、人間の本質は「自私（自己本位）」であり「自利（自己利益追求）」であるとした。これは善し悪しの問題ではなく、人間は本来このようなものなのであって、王者はこの人間の本質をふまえたうえで公の実現を図ったとするのである（『明夷待訪録』原君）。このような公私観は明代後期に出てくる欲望の肯定の風潮を反映し、その中で儒教が再度理論を組み直しているとも言える。

このように私を否定して公を実現しようとする朱熹などの考えと、私を認めたうえで公を得ようという立場の差があるが、いずれにしろ家族と社会の間の関連づけが問題として残った。朱熹らが心の公を言う時に、親を第一に考える孝もその公に含まれているのであって、そうなると家族主義の全うもそれはそれで公になってしまう。また私を認める場合は、家族に対する感情を肯定的に前提化しているのであって、やはり事情は同じである。家族中心主義と、社会重視とはそれこそ楕円の二つの中心であって、依然として両者の緊張関係は、忠と孝のそれに対応して存在しているのである。

これに対して日本における公は、外へ外へと拡大していくという指摘がある。つまり家族（私）と勤務先（公）、勤務先（私）と国家（公）という具合に拡大していくのであって、そこではより包括的な集団に対して献身するのが公なのである。先述のように、忠と孝の優先について、中国では孝が優先する傾向があり、日本では両者同等かむしろ忠が優先すると言われるが、それと同じように、単に君臣と親子では前者が公、後者が私となるだけではなく、前者への献身の優先が説かれるのである（日本の公私については、田原嗣郎「日本の「公・私」」（『文学』五六―九・一〇、一九八八、中国の公私については、溝口雄三『中国の公と私』、研文出版、一九九五）。

近代になり西欧からの圧力に対して中国と日本とでは反応が異なった。幕藩体制という地方分権を取りながら、日本では比較的容易に国家への求心性を高めることができたが、中国の方は中央集権でありながら、当初は国家統合意識の欠如に悩んだ。康有為などは孔子を共通の崇拝対象とする孔教を軸に、中国国民の意識をまとめようとしたが、それは西欧がキリスト教を、日本が神道を軸にして国民統合をしていることにならおうとしたためであった。孫文の先の言葉もこのような問題意識を継承しているのである。ここには中国と日本の公私観の差も反映していよう。

4 封建と郡県

さて中国の統治理念であるが、これには二つの柱があった。「封建」と「郡県」である。「封建」とは、国を諸侯（あるいは王）が統治し、かかる国々を王（あるいは皇帝）が統括するというもので、いわば地方分権である。「郡県」とは、王（あるいは皇帝）が全土を直接統治し、各地には中央が統御する郡や県が置かれるというもので、いわば中央集権である。

儒教の理想的王朝は周であった。孔子は、自分が老いて周の制度や文化を創造した周公の夢を見なくなったのは嘆いているが、それほどまでに周が本来持っていたはずの制度や文化はあこがれであった。孔子の時代に周の王家はまだ存続していたが、そのシステムは崩壊していた。孔子の母国が周公が封ぜられた魯であったことも働いて、孔子は周の制度や文化を理想化し、それが結果的に新たな思想的創造となったのであって、これは単なる復古というよりも一種のルネッサンス現象であった。

儒者たちが考えた封建の美点は、天下というような広大な空間を官僚的に冷たく統治するよりも、国という規模で世襲の諸侯がまず統治した方が、民にとって親密な政治が行われるということであった。それに対して郡県は、儒教弾圧で有名な秦の始皇帝が始めたものであった。しかし統一王朝は限りなく中央集権化していくベクトルを本来持つゆえ、郡県を採用しようとする。特に宋以後、科挙が改良整備され、中央集権的官僚制度が固まった。科挙に合格した人間は幕職州県官として各地に赴任する。その赴任地は癒着を避けて出身地ははずすことになっていた。その地域で任期が来ると、それから他所にまわされるが、その場合も出身地ははずされる。つまり特定の土地に癒着しそこで権力を持つことを徹底して警戒するのである。宋の初代皇帝の太祖は軍人あがりであり、唐や五代の諸王朝が軍閥のために崩壊したことを切実に感じていた。そこで徹底した中央集権化を図ったのである。

しかし官僚の地域密着を警戒しすぎることは、地域と官僚の乖離を招くことになり、中央から派遣された役人と、その赴任先の地域の間には隙間があるという指摘がしばしばなされた。ここで、現実の王朝は安定した政権維持のために郡県を志向していても、もう一度儒教本来の封建の意義をさぐろうという動きも出てきたのである。

もともと儒教では封建論というジャンルがあった。最も有名なのは唐の柳宗元の「封建論」であり、これは古代に封建が出てきたのは趨勢に過ぎず郡県の方に理が有るとするものであったが、胡寅らは封建を正しいとし、以後も多くの儒者によってこのテーマは論じられた。

北宋から南宋に移る頃からそれまでの中央志向が地域志向へと変化したという研究がアメリカでなされ、それが日本の学界でもかなり広まった。事実、明や清には郷紳という地域に根をはる士大夫が多数存在した。それぞれの地域に代々住む士大夫たちは、一方で科挙を通して中央への参画を図り、その一方でそれぞれの地域で大家族を営んでいった。その地域在住の士大夫にとっては封建という地域重視の理念は、一概に否定すべきものではなかった。明末清初の黄宗羲は封建と郡県の両立を説き（『明夷待訪録』方鎮）、同時代の顧炎武も「封建の意を郡県に体す」という議論を展開した（「郡県論」）。

このように二つの統治形態があるにしろ、最高の主権者が皇帝（天子、王）であることには変わりはない。それではこの天下の統治者はどのようにして正統なものとして認定されるのであろうか。

5 世襲、禅譲、革命

皇帝の正統性には、三種の認定方法がある。「世襲」と「禅譲」と「革命」である。「世襲」とは、言うまでもなく父子関係の中での政権伝授である。「禅譲」とは、高徳で有能な臣下に対して平和裏に行う政権譲渡である。「革命」とは、天命を受けた高徳の人士が極悪の王者を打ち倒す政権奪取である。

「世襲」は他の地域でも見られる最も一般的な王位継承である。そのためには王子を作るのが必須なのであって、礼の規定では天子には「三夫人、九嬪《ひん》、二十七世婦、八十一御妻」というように複数の女性があてがわれる（『礼記』昏義）。また「天子に三夫人、九嬪がある。諸侯に一妻八妾がある。卿大夫に一妻二妾がある。士に一妻一妾がある」（蔡邕『独断』）というように、天子から臣下へ、順次数を減らしながらも複数の女性が配される。もし男子がいない場合は甥、それでもだめなら血縁のある傍系男子を持ってくる。世襲は同一王朝内の王権伝達である。

「禅譲」のモデルは、伝説上の堯、舜、禹の間の政権譲渡であって、わたす側も受け取る側も高徳の士であることが条件になっている。両者の間には血縁関係は無いが、堯は舜に二人の娘を娶《めあ》わせたという伝承があり（『書経』堯典）、もとはおそらく特別の意味があったのであろうが、後世はあまり問題にされていない。この禅譲という形は、強引に政権を譲渡させる時の理屈づけとして、しばしば用いられた。禅譲と称してはいても、実際には臣下が皇帝に政権委譲を強要し簒奪するのである。それゆえ禅譲という論法の使用に対しては、伝説上の聖王以外の場合については、儒者の態度は慎重である。

「革命」は、『孟子』における理論が有名である。革命とは「天命が改まる」ということで、孟子に言わせれば、天命は民の動向に現れる。『孟子』に引く『書経』泰誓には「天が視るのは我が民を通して視、天が聴くのは我が民を通して聴く」という語がある（「万章　上」）。つまり民心の動向が天の意志の現れであって、民が王から離反し、別の人間を推戴するようになった時は、その王を討伐して政権を取ってもよいのである。その場合、打ち倒される王が極悪人、打ち倒す人間が聖人、という条件が必須であって、殷の湯王が夏の桀王を、また周の武王が殷の紂王を倒したのが代表例である。武王が紂王を滅ぼしたことについて「臣のくせにその君を弑殺したのか」との問に、孟子は仁者や義者を弾圧し傷つけるような者は「一夫（一介の男）」に過ぎないとしたうえで、「一夫の紂を誅殺したとは聞いているが、君を弑殺したとは聞いていない」と答えている（『孟子』梁恵王 下）。

武力で前の王朝を倒し新たな王朝を開く時には、この革命という理屈が持ち出される。天命が前王から新王に乗り換えたというのである。ただ建前は革命であっても、実際には単なる武力簒奪という例が多いのであって、結局物理的力の正当性に使用されたということになってしまう。それゆえ儒者は、先に述べたように、革命が成立するには、前王の無道と新王の高徳を必須の条件とするのである。たとえば朱熹は革命を認めてはいるが、その議論の内容を見ると、この条件が厳格に要求されていて、現実的には革命はほとんど容認できないことになってしまう。朱熹は革命を「権」とし、それを用いることが許されるのは聖人だけであると言う。先述のように「権」とは、オーソドックスな方式をとる「経」に対して、状況に即して臨機応変な措置をすることである。朱熹は革命を正統的な政権交代ではなく、あくまでも「権」とするのであって、その施行が許される存在を聖人に限定するのである。

孟子の革命説は警戒された。司馬光などは孟子を否定し、『孟子』のような書物を積んで日本に渡来しようとする船は沈没するという話が後の随筆に出てくるのは有名である（明・謝肇制『五雑組』）。そもそも革命は、自己の政権の正当性を言う場合には便利であるが、今度は自己の王朝が打倒される余地をも残すことになるわけであって、いわば両刃の剣なのである。

いずれにしても、帝王たりうる根拠として重要なのは天命を受けているということである。世襲は血の論理なのでこれに依存していれば最も波風が立たないが、そうではない場合の保証は天しかない。そこで、それでは誰が天の意志を確認できるのかという話になる。

実際には天の意志の内容を語り、それに異議を唱えさせない権力を持つ者が、天の意志の体現者ということになる。つまり天子として君臨することの根拠は、権力者の自己宣言しかないのである。日本の皇室のように神代からという形で血統の正統性を言える条件の無い中国の皇帝の場合は、自己が天命を受けていることを宣言し続けることが重要なのである。皇帝の宮殿のみに天の色である黄色を使用し、黄色の上着（黄袍）を着、そして特に重要なのが、毎年冬至に首都の南の郊外で天を祭り、夏至に北の郊外で地を祭るというパフォーマンスを行い続けることである（皇帝自身が行かないことはあるが、少なくとも皇帝主催である）。天子は天子であることの自己証明を毎年継続し、それが実行できなくなった時（たとえば他者が勝手に天を祭るのを阻止できなくなった時や、都から逃亡して天を祭る儀式が実行できなくなった時）、天子であることをやめることになるのである。またこのことは、たとえば下層階級の出である明の太祖（朱元璋《しゅげんしょう》）が、同姓の朱熹の末裔ということにしてはどうかとの話に対して、それを無用としたというような姿勢となっても現れる（この話は内藤湖南『支那論』、文会堂書店、一九一四）。これは天命を受ければ出自に関係無く天子ということなのであって、日本において同じく底辺から這い上がった豊臣秀吉が近衛家の養子となったり、天皇の子孫と一時称したのとは対蹠的である。

天の意志は民の動向に現れるという孟子流の議論は、民本主義ということではなく、人々が大勢を読みそれに随順していくことの追認であるという見方もある。ただ孟子は、「民を貴く、社稷（国家）がそれに次ぎ、君は軽いものだ」（『孟子』尽心 下）と明言するのであって、民の動向にはひときわ重きをおいていた。膨大な人口を持つ中国においては、人々の動向は個人の努力では制御不可能なところがあり、それは自然現象に似ている。人々の流れと自然界の動きが並行関係として捉えられるのは中国思想の基本的な型であって、時には自然で人事がたとえられ、時には人事で自然がたとえられる。民の帰趨が天と重ねられているのは、おそらく実感としての面もあったのであろう。

また、たとえ力の論理によって天下を簒奪したにしろ、その後の体制の構築に儒教が採用されれば、その創業時の種々の行為も儒教的に合理化されていく。その際に重要なのは建国時の創業から、次の守成の段階、つまり安定した体制の維持への展開がスムーズにいくことである。禅譲でもしない限り、一代限りではなく二代以上の王朝継続の意味は大きいのであって、そのことは後述するように、その政権が正統王朝として認定される条件でもあった。

世襲、禅譲、革命のうちでは、世襲が最も穏健な方式である。血のつながりは客観的に保証できるからである。儒教の建前では、『書経』の記述からして禅譲が最も好ましい形のように見えるが、当事者たちが高徳者たちであるという客観的認定が困難な設定であり、しかも王朝にとっては自己の血族を危うくする論理であるので、現実には世襲を通常の形態とすることが主流となったと言える。

6　正統論

正統論とは、王権の正統性についての議論のことである。日本語で正統と言えば、思想・宗教の正統性（Orthodoxy）と政権の正統性（Legitimacy）の両方を含むが、中国での本来の意味は後者である。既に述べたように天下を統治する王者はただ一人しかいない（本書第二章、「儒教道徳」(4)「忠、孝」①「忠と孝の根拠」）。この唯一の王者に万人は忠誠を尽くすのであるが、その王者が誰かを認定するのが正統論なのである。

正統論で有名な話柄は、三国の魏、呉、蜀のうちどれが正統であるかという議論であるが、司馬光は魏を正統とし、朱熹は蜀を正統とした。この有名な朱子学の正統論は、『資治通鑑綱目』の「凡例」に見られる。細かい話をすれば『資治通鑑綱目』は朱熹は完成しきれずに没し、弟子がまとめあげたものであるが、その「凡例」は朱熹自身の手になったということになっている。ただ先の三国の話で言えば、『朱子語類』では蜀を正統とする一方で、三国時代に正統は無かったという語もあるので、事情は複雑であるが（巻一〇五）、少なくともこの「凡例」の内容は、後世は朱熹のものと見なされていた。

この「凡例」において正統の王朝と認定されているのは、周、秦、漢、晋、隋、唐である（なお朱熹の生きた宋ももちろん正統である）。このラインアップの中に秦や隋が入っているのは奇妙な感じがするであろう。秦と言えば暴君で儒教を弾圧した始皇帝の王朝であり、また隋の煬帝《ようだい》は暴君として有名である。事実朱子学者であっても明の方孝孺《ほうこうじゅ》（一三五七～一四〇二）はこの正統論に対して道徳的な修正を試みている（「釈統 上」）。

「凡例」の正統の規定はこうである。「天下を統一して二代継続すれば正統と見なす」。天下を統一して二代でも継続したということは、天命がこの統治者にくだったということなのである。先の秦にしても、始皇帝が天下を統一したばかりではなく、二世皇帝に継承されたからこそ、正統なのである。なお「凡例」では、王朝が衰えて地方政権にとどまっていても、それが正統王朝の子孫の政権であれば正統であるとしている。先の三国で言えば、蜀は正統王朝である漢の子孫の国なるがゆえに正統なのであって、別に蜀の支配者劉備が有徳者であり、曹操が暴君であったからではないのである。

本来、「正統」の「統」とは、統一の意味である。天下を統一したという実績が天命を得た証であり、二代続いたということは創業と守成にわたってそれが保証されたということなのである。先述のように天命を得たというのは天が物言わない以上自己申告のようになるのであって、それを認定する原理を提供するのが正統論であるとも言えよう（正統論の性格については、土田健次郎「朱子学の正統論・道統論と日本への展開」、『国際シンポジウム　東アジア世界と儒教』、東方書店、二〇〇五）。

なお日本で朱子学の正統論をあてはめると、武家政権のもとであっても皇室こそが正統ということになる。統一政権が二代以上存続し、しかも地方政権として現存しているからである。この問題については、本書第八章3の(2)「皇統論」で述べることにしたい。

ところで「正統」と類似の語に、「道統」という語がある。この「道統」という語は朱熹が用いた（それ以前の「道統」の語の用例は皆無ではないが、理論として定着させたのは朱熹である）。これは道の正統論である。古代の聖王たちが天下を統治するとともに普遍的な道を実現していたと考え、その統一性を持つ道を道統と言うのである。

この道統という語であるが、一般にはこの「統」を過去から未来に向けてのびるラインのように解釈したうえで、道の伝授の系譜という意味にとられている。ただもとは正統と同じように道統の統を統一の意味としているようであって、それが伝えられていくことは「道統の伝」などと言われている。

道統論とは、古代の聖王の道が孔子に伝えられ、孔子から弟子の曾子、孫弟子の子思、その孫弟子の孟子とつながり、以後は絶えてしまうが、北宋の周敦頤や二程兄弟（程顥・程頤）によってまた明らかにされたというものである。このような系譜の話が押し出されているために、道統を道の伝授の系譜とする解釈が一般化していったのである（「道統」については土田健次郎『道学の形成』、創文社、二〇〇二）。

ここで重要なのは、尭、舜、禹、それに殷の湯、周の文王、武王らは王者であったが、孔子以下は王者ではなかったということである。なぜ「道統」と言うかというと、本来それが王者の道であったからであって、文王や武王らの場合までは正統と道統が重なっていたと言えるであろう。しかし孔子以下がそうではないということは、孔子以下は道統ではないという解釈も出てくる。このように考えるのは余英時氏であるが、氏は、孔子以下は道統ではなく道学であると見なしている（『朱熹的歴史世界——宋代士大夫政治文化的研究』上、允晨文化実業股份有限公司、二〇〇三）。ただ筆者は、孔子や孟子らが継承したのも道統であると考えている。むしろここで王者という条件がはずれ、正統と道統が分離したということが重要なのである。先に見たように正統という観念は天下統一という事実の後追い的な性格を持っていた。始皇帝の秦が正統と認定されているように、道徳的要素が無いのである。ここに道統が正統と切り離されたということは、道徳的要素が政権問題から独立したということなのであって、単に政権を支えるだけではなく聖人に至る道を担い教育する者としての儒者の存在理由が、ここで俄然立ち現れてきたのである。

正統の持つ非道徳性の危うさを最も認識していたのは、北宋の蘇軾であった（「正統論」）。統一という事実を価値的な「正」で形容するのは、道徳的価値を眩ましている危惧が生ずるのである。朱子学の正統論は、一方に道統論をおくことで、道徳的問題と政治権力の問題とを分けたとも言える。この朱子学は元の時に国教化されたが、朱子学の持つ強烈な道徳主義は、今度は王権に対して正統論を適用するだけでは満足せず、王朝の道義性への要求も導き出してきたのである。それに加えて元がモンゴル族の王朝であったという事情も拍車をかけた。異民族の中国支配を正当化するには、より道義的意味づけが必要であって、そこで登場したのが元末から見え始める治統論だったのである（この性格については、土田健次郎「『治統』覚書――正統論・道統論との関係から――」、『東洋の思想と宗教』二三、二〇〇六）。

「治統」とは正統と道統が合体したものである。つまり王権が同時に道統の担い手である状態である。これは次の明、さらには清でも継承された。ここには朱子学の国家イデオロギーをになう教学としての面がよく出ているとも言えよう（朱子学は朱熹が晩年弾圧を受けたように原理主義的な側面があり、それは時に鋭い現状批判になった。その側面もあいかわらず一方では存在していた）。

7　華夷

中国の華夷観とは、天下の中心は中華の地であり、その東西南北の周囲には東夷《とうい》、西戎《せいじゅう》、南蛮、北狄《ほくてき》という四つの野蛮な夷狄がいるというものである。この中華と夷狄を分けるのが「華夷の弁」である。

中華と夷狄の区別には、民族的なものと文化的なものがある。民族的なものは、漢民族と異民族の差である。これを適用すると、モンゴル族の王朝の元、満族の王朝の清は中華ではなくなってしまう。

もう一つは文化的な差である。この典拠としては『春秋公羊伝』が用いられることが多い。これならば民族とは関係無くなり、元や清も中華とすることができる。特に清朝の皇帝は、漢民族以上に漢民族の道徳を体現しようとした。（清朝成立のように夷狄が中華の皇帝となることを「華夷変態」と言う）。

中華と夷狄の優劣をめぐる解釈の差として有名なのは、『論語』にある「夷狄之有君、不如諸夏之亡也」（八佾）という孔子の語の読み方の違いである。この語を「夷狄の君あるは、諸夏の亡きに如かざるなり（たとえ夷狄に君がいても、中華に君がいないのに及ばない）」と読めば、夷狄はあくまでも夷狄にすぎないという民族をもとにした優劣論、「夷狄の君あるは、諸夏の亡きが如きにあらざるなり（夷狄にきちんと君がいるのは、中華にいないような現状とはちがう）」と読めば、君主がいる夷狄の方が、混乱している中華よりまだよいという文化道徳をもとにした優劣論となる。このような民族の差と、文化道徳の差のいずれを採るか、あるいは調停するかが、華夷論の幅を広げていた。

さてこの文化的差の方であるが、重要なのは礼の有無である。『論語』に有名な語がある。「管仲がいなかったならば、私はざんばら髪で服を左前に着ていたであろう」（『論語』憲問）。ざんばら髪（被髪）も服を左前に着ること（左衽）も、ともに夷狄の風俗である。この文の意味は、もし管仲がいなかったら我々は夷狄に支配されていたであろうということであって、ここに見えるように中華なのか夷狄なのかは、ヘアスタイルやファッションなどのような文化の差に現れるのである。このような文化を最も具現化しているのが礼であって、かくて礼を遵守しているのが中華、礼を行っていないのが夷狄ということになる。中華の礼を行えば、辺境であっても中華なのである。

ところで先にも述べたように、礼は時間とともに変化するものである。古代と全く同じ礼を実践するのは無理であるし、かえって礼の精神からはずれるのである。ただこの礼は空間的には不変でなくてはならない。もし礼を守らなければ夷狄なのである。

この華夷論は仏教に対しても言われた。顧歓（四二〇～四八三）「夷華論」は仏教を夷狄の思想文化とする批判であり、それに対する仏教側の反論が僧敏（生没年不詳）「戎華論《じゅうかろん》」である。そして近代に至ると西欧文明をどう位置づけるかが問題となった。古文系統は『春秋左氏伝』を重んずるがゆえに民族差を重視し、今文系統の公羊学派は『春秋公羊伝』を重んずるがゆえに文化概念に拠った。

さらに中国以外の地ではさらにこの問題が種々の議論を生んだ。朝鮮にしろ日本にしろ、夷狄の地だからである。

朝鮮では、中国の文化伝統を中国以上に忠実に受け継ごうとした。朝鮮王朝時代、中国は漢民族の明から満族の清に変わった。中国本土に夷狄の王朝が出現したことで民族概念としての華夷観は使用しづらくなり、朝鮮王朝は文化概念としての華夷観をもとにして中華文明の継承者としての地位を主張しやすくなった。そこで朝鮮王朝は、中国の当時の礼の典範であった『文公家礼』の流布と固定化によって、中国以上に中国の礼を実践し、中華文明の体現者、要するに「小中華」としての矜持を持ち、清や日本などの周囲の国々を夷狄としたのである（たとえば山内弘一『朝鮮からみた華夷思想』、山川出版社、二〇〇三）。

それに対して日本では、地域が異なれば礼は異なって当然だとする時処位《じしょい》の論が出てきた。「時」はその時代、「処」はその場所、「位」はその位のことであって、この三者によって礼が変化することは礼の精神にかなっていると言うのである。つまり時代による礼の変化の容認を空間にも及ぼした議論である。このように日本ではかなり独自に礼の規定を変容させた。特に後述するように時代をこえて変えてはならないとされた「三年の喪」を一年前後でよいとしたのは、中国や朝鮮の儒教からすれば信じ難いことであった。

日本では日本はあくまでも夷狄だとする立場と、日本こそが中華だという立場の両者があった。前者では荻生徂徠は、日本を東夷としたうえで立論した例、後者では山鹿素行は『中朝事実』上「中国章」で日本こそ中国であるとしたのが有名である。また山崎闇斎学派の中では日本を中国と称することの是非をめぐって論争があり、浅見《あさみ》絅斎《けいさい》『中国弁』、小野信成が佐藤直方の説を編集した『中国論集』をはじめかなりの文章が書かれた。なお日本を中華とする基礎には皇室崇拝があるのが普通である。万世一系の皇室の存在は、王朝が変わる中国に勝る美風とされたのであって、皇室を尊崇する儒家神道の類はおのずから日本を中華の地と解釈することになった。

ところで、近代以前、日本全体を「天下」と呼んでいた。戦国時代に諸大名が目指した天下統一は、日本統一ということであった。もちろん彼らは中国、朝鮮などの存在を知っていたわけであるが、それでも自己の生活空間の延長から、あるいは彼らが必須の教養としていた和歌の伝統の範囲からして、実感の持てる現実世界の範囲は日本の境域であった。ただ一方で中国や朝鮮との外交は行われ、そこでは中国を天下の中心とする秩序に従っていた。つまり外交レベルでは中国中心の天下観、国内レベルでは日本中心の天下観というように使い分けていたのであった。なおこのような二重性は、具体的内容はいささかずれるが、ヴェトナムでも、中国中心のアジア世界と、ヴェトナム中心の東南アジア世界というように見られるという。天下がこのように二重であるということは、外交や政治レベルでは同時に華夷観も二重になっているということである。東アジアの各国は独立性が高く、そしてそれぞれが自国中心観を持っていたが、同時にそれらを包む中国中心観が存在していた。そして後者を具現化したのが冊封体制《さくほうたいせい》である。冊封とは、中国の皇帝が外地の諸国の長に中国の官号・爵位をあたえて外臣とすることである（西嶋定生「総説」、岩波講座『世界歴史』四、岩波書店、一九七〇）。この冊封体制の特色は中国が各国を征服し直接統治するのではなく、それぞれの国は自立し、そのうえで中国と冊封関係を結ぶことによって棲《す》み分けることである。かかる棲み分けが観念化されたのが、二重の華夷観なのであって、かかる安定構造が崩れたのは後述するように近代になってからである。

8　儒教と社会活動

儒教は政府の政策の中に儒教の理念を反映させることを求めるが、このような施策レベルではなく、民間の社会活動で、儒教理念が指導したものが果たしてあろうか。

まずあげられるのが、義倉という同族救援組織である。これは積み立てをして同族の生活救済、教育資金、祭祀費用にするものであって、北宋の范仲淹（九八九～一〇五二）からはじまる范氏義倉がモデルとなった。ただこれは同族に対する救援であって、儒教の血縁重視からすれば当然の動きである。

そこで血縁関係と無関係な救済組織はあったのかということになるが、これについては、もともと儒教には、「鰥寡孤独《かんかこどく》」を憐れむという思想がある。この「鰥寡孤独」については、『孟子』に、老いて妻がいないのを「鰥」、老いて夫がいないのを「寡」、幼くて父がいないのを「孤」、老いて子がいないのを「独」、と解説されている（「梁恵王 下」）。これらの救済は、司徒（文教長官）が「『孤』、『独』を憐れんで、それを貧者に及ぼす」（『礼記』王制）というように、本来は政府がなすべき義務である。さらにこの四者は、「矜寡孤独廃疾」（『礼記』礼運）というように、さらに「廃疾（障害者や病人）」にまで広げられる。政府がそれに対処せねばならないのは、「孤独がその場所を得られない」ということが「大乱の道」につながるからである（『礼記』楽記）。儒教は家族の存在を前提にし、家族の安定が全うされてから、次第に身近なところから社会への親愛の輪を広げていく。ところが血縁の無い者に対する救済は、家族の拡大という形が取れないわけであって、そのような存在を救済するのは基本的に政府にゆだねられるのである。

人間を単独者として見なし、個体ごとに慈悲をかける仏教が得意とするものであった。それに対して仁愛を血縁者に厚くし徐々に縁の無い者に及ぼしていく家族中心主義の儒教は、必然的におくれをとることになる。しかし明清の善会や善堂という組織は、民間で行われた非血縁の弱者に対する福祉事業であった（夫馬進『中国善会堂史研究』、同朋舎出版、一九九七）。夫馬氏によればこの活動には「生生」の思想があったというが、先に述べたように儒教では仁の本質を「生」に見るのであって、特に明代にはこれを強く打ち出して「生生」を強調する風潮があった。この「生生」の思想は、天下万民をわがともがらとし、仁愛を他者に限りなく及ぼしていくという態度と連結するものであった。

ただそうであっても、儒教は、万人をまず家族という単位に包摂し、そのうえで家族の安定を説くというのが基本線であることに変わりはない。どうしても漏れてしまう弱者は、政府が救済すべきなのであって、政府をそのようにしむけるように儒教は働かなければならないのである。ただ先にも触れたように南宋以後の士大夫の地域志向の潮流の中で、民間からこのような福祉活動も行われるようになったのであるが、その根底にある生生の思想には、万人を自分や自分の家族の延長として一体的に捉えようとする当時の儒教の万物一体観が貢献していた（万物一体観自体は必ずしも常にこのように作用するわけではなく、ここで言うのはあくまでも明代儒教的な万物一体の思想の場合である。この問題については土田健次郎『「万物一体の仁」再考』、『宮沢正順博士古稀記念　東洋——比較文化論集』、青史出版、二〇〇四)。かかる活動自体は、儒教以外の思想や宗教ではもっと目覚ましく見られるものであるが、儒教が家族個人主義を反芻するだけにとどまる思想ではなく、その延長として社会活動への自主的参画をうながす要素もはらんでいるということの確認の例にはなろう。

八　儒教の地域的／時代的変容

1　儒教の幅

先ほどから述べてきたように、一口に儒教と言ってもかなりの幅がある。そして逆にこの幅があるからこそ、儒教は時代や地域をこえて広がることができたとも言えるのである。そして儒教の幅を保証しているのは経書であった。たとえ従来の教説と異なる論を立てたとしても、あるいは師から弟子への伝授が無くとも、経書に典拠があれば儒教であると主張できるのである。

そもそも儒教は、仏教や道教、神道などとは、教団の結合の方式が異なる。儒教の性説で主流になったのは性善説であるが、かかる人間の本性の道徳的可能性への信頼と、経書の権威によって、自己修養と経書の学習をすれば何人も直接に儒教の道に参入できるのである。たとえば朱子学でも陽明学でも、仏教の伝灯のように師から弟子への連続した伝授を必須としない。朱子学者や陽明学者たちは師の印可を受けなくとも、儒教の種を各地にふりまくことが奨励され、個々の学統は絶えてもその束全体は学派として継続していくのである（かかる儒教の学派結合の性格については、前掲の土田健次郎『道学の形成』、および同「道学という学派――『道学の形成』上梓に際して」、『創文』二〇〇三年一―二月号)。

そもそも中国社会の中から登場し、中国社会に密着して存在してきた儒教が、中国を越えて朝鮮、日本、琉球、ヴェトナムに広がったということ自体が、かなり驚異的なことなのである。儒教と中国社会の密着度の強さは、本来ならばそれ以外の地域への流布を阻むはずであるが、それでも儒教の他地域への拡散が可能であったのは、経書の存在と、儒教の持っているある種の抽象性のゆえである。

先にも述べたように、儒教における天は、それ自体が直接啓示を降す存在ではない。君は臣の天、父は子の天、夫は妻の天と言われていたように、道徳を実践することが天の実現なのであって、それゆえたとえ中国とは異なった内容の親子関係や君臣関係を持っていても、そこに成立する道徳を孝や忠と言えるのであれば、天に基づいた儒教の教説たりうるのである。儒教では、最高の価値として「天」以上のものは無く、その「天」の内容は、各時代や各地域の状況を反映して多様な意味を持ちえる。つまり天は、種々の日常道徳を、それが道徳であるということ自体で意味づける機能を持っているのであって、各地域の価値観や習俗の差は、ある程度まで、天の名のもとに承認しえるのである。

儒教の幅を示す例は、本書ですでにいくつか挙げてきた。たとえば忠と孝が衝突した場合にどちらを優先するのか。また孝と貞が同じように衝突した場合はどうなのか。このような議論では、それぞれの儒者がそれぞれ経書の典拠をあげながら自説を開陳した。その他でも皇帝の跡継ぎに従弟の子や従弟がなった場合、実の父親をどのように扱うのかといった問題に対しては多くの儒者が論争に参加した（たとえば従弟の子の場合は北宋の「濮議《ぼくぎ》」、従弟の場合は明の「大礼の議」）。現在から見れば形式的議論の最たるものに見えるが、儒者たちにとっては腕の見せ所であった。そしてより本質的問題に関わるものでは、先にも述べたような徹底した禁欲派から欲望肯定派まで、人事に対する天の直接的具体的関与を重視する立場から否定する立場まで、君主への忠誠を絶対化する姿勢から無道の君主の武力討伐を肯定する立場まで、それぞれの幅があったのである。

この幅は儒教に、時間的には少なくとも近代までは各時代の壁を乗り越え、空間的には中国以外の地域への流布を可能にした。そして後者に関しては、中国国内では見られなかったさらなる幅の拡大をもたらしていくことになる。

2　日本儒教は儒教か

(1)日本に儒教は入らなかったのか

儒教の幅を示す好例として日本儒教を挙げることができる。

日本に儒教は入ったのか、このような思い切った問いかけがなされたことがあった。それは津田左右吉によってである。津田は、日本には終始、儒教は入らなかったとした。（津田のこの主張はその膨大な著作の随所に見られる）。これに対しては、江戸時代に活躍した多数の儒者の存在、大量の儒書の刊行などをあげてすぐに反論が可能なように見えるが、事はそう簡単ではない。津田は膨大な日本儒教の文献を読んだうえで、それらが日本人の精神生活と遊離した観念的なものにとどまっていたことを指摘する。たとえば孝を語るにしても、中国の儒教では親の恩をあまり強調しなかったが、日本では、親の子に対する深い愛情や「親のつとめ」という語が広く見られることを言い、実生活では日本人が儒教思想を取り入れなかった証拠とする（『シナ思想と日本』）。これに対しては、たとえ観念的であれ孝に関する言説が多量に存在したということは、その需要が日本に根強く存在し続けていたという反論もありえよう。特に日本でわざわざ儒教と銘打って多くの言説がなされ、その享受者が多数存在したということの意味を否定するのはなかなか困難なように見える。

しかし津田の指摘を、別の観点を入れることによって、吸収することも可能である。それは日本儒教の持つ中国儒教との異質性を容認し、それでも儒教であると主張できる根拠をさぐることである。

(2)「三年の喪」の変容

中国儒教で譲れないものは何であったか。その代表例が先にも述べた「三年の喪」であった。親が死んだ時に行う「三年の喪」は、時空を超えて施行すべきものとされた。先にも述べたように、礼は空間的には一律であることを必須とするが、時代とともに変化することは必然とされる。

しかし例外があり、それがこの「三年の喪」である。これはいかなる時代も一律に行わなければならない「達喪」であり「通喪」であった。この喪こそが中国儒教の根幹である孝の端的な実践だからである。親が死んだ場合、官僚はすぐに職務から去り、地元で喪に服す。喪の間はひたすら慎み、子をなすことなどはもっての他なのである。中国では子が生まれた時から逆算して、喪中に性行為がなされたと見なされた場合は弾劾された。

ところが日本では古代から親が死んでも一年程度の喪なのである。奈良時代の『養老令』九の「喪葬令第二十六」には、「喪に服す期間は、君、父母、夫、主人に対しては一年」とある。江戸時代でも貞享元年（一六八四年）の服忌令《ぶっきれい》から父母の喪は「忌五十日、服十三ヶ月」であった。

江戸時代の儒者たちも三年の喪を施行する必要は無いと言う。熊沢蕃山は言う。「日本人の情から見れば、（中国の葬礼は）作りごとのようなところがある。日本人は親子兄弟ですら、死ねば疎《うと》み避ける心が沸《わ》く。まして他人が死んだ場合は、はなはだ疎まれて汚なく思われる。このような情では、儒教の礼には合致しがたい。これは日本の人の罪ではない。地気がそうさせるのである。中古に中国から官位衣服などの制度が伝わった時、父母に対して服する喪は一年で暇（欠勤）は五十日、祖父母の場合は五ヶ月で暇は三十日、兄弟の場合は三月で暇は二十日と、哀しみの情を節する期間を水土によって定めたが、死穢（けがれを忌む）は三十日とされた。中国では哀しみの情を節する期間だけあって、けがれの事を聞かない。そもそも人情は礼法を受くる素地である。白い糸に五色をほどこすようなものである。中国の素地は白紙のようである。五色をみなほどこせる。日本の素地は青い紙のようである」(『集義外書』一六「水土解」)。日本の風土は日本人の気質に影響しているのであって、そのため三年の喪を行わなくてもよいと言うのである。蕃山はまたこうも言う。「問う。近年、儒法ということでしているのを見れば、大かたは祭祀のことである。……喪の作法は一割も見られない。……答える。これもまた日本の水土である。日本は文字でも日の本と書くように、陽の国である。小国なのは陽が若いのである。それゆえこの国の人は悦びが多くて哀しみが少ない。祭は吉礼で悦びである。それゆえ日本の人はこれを好む」(『集義外書』一六「水土解」)。日本は陰陽の陽の国であるから喪に向かないとするのである。このような考えは以後も継承されていく(広瀬淡窓『義府』、西川如見《じょけん》『水土考』など)。

また『養生訓』の著者として有名な貝原益軒は、このように言う。「中国の法では、父母の喪は必ず三年である。これは天下中で古今にわたり一律に行う法である。日本の人は体気・腸胃が弱い。それゆえ、古法で、朝廷から期(一年)の喪を定められた。三年の喪は二十七ヶ月である。期の喪は十二ヶ月である。これは日本人が体質が弱いので、そのよろしきを考えた、本性にしたがった中道なのであろう。それなのに近年の儒者には、日本の風土にあった適切さを知らず、古法にこだわって三年の喪を行った人もいたが、多くは病気になって死んだ。喪に耐えられないのは、古人はこれを不孝とする」(『養生訓』七)。益軒は、日本人は体が弱いから三年の喪では長すぎて持たないと言うのである。このように儒教を看板に掲げる儒者たちが、平気で「古今の通喪」を否定しているのであって、朝鮮などでは信じられないことである。

もし無理してでも儒教の礼通りに行うと、かえって抵抗が生じた。熱烈な朱子学者であった山崎闇斎は、「近ごろは『文公家礼』に心をとどめて、喪祭をつとめ行う人が出てきたが、世俗がそれをいぶかりののしることが激烈である」（『大和小学』）とまで言う。ちなみに彼のパトロンだった野中兼山が母の葬儀を儒教流に行った時、キリシタンかと疑惑をかけられ、わざわざ弁明のために江戸の藩邸にまで行ったりしている。

津田左右吉は、儒教の礼としては、祭礼は家長の父母およびその直系の祖先だけであるが、日本では全ての死者を一様に祭り、死んだ子孫に対しても深い愛慕の情を致すのが一般の風習であると言う（前掲『シナ思想と日本』）。儒教の葬礼や祭礼はその内容において日本ではそのまま受容されていないのであるが、そこでそれを「礼」と言いうる意識が改めて問題になるのである。

（3）「類型の共有」と「内容の分岐」

先にも述べように、礼の最重要条件は、①聖人あるいは王者が規定したものであること、②内容が天下に一律であること、③万人にその内容が行きわたること、④忠孝思想と背馳しないことであるが、これらの条件がそろえば礼と言いうる可能性が出てくる。礼というものは、それが礼とされているから礼であるという自己目的的な性格が有り、礼という枠組が使用できれば、たとえば武士の慣習のように経書の規定そのままでなくてもよい。礼は時代とともに変わるものであるから、経書の礼の規定と完全に一致させなくてもすみ、経書の中の礼に関する何らかの言説と関係づけられればさらによい。山鹿素行の士道などはその顕著な例である。先に礼として成立しうる四つの要素を挙げたが、国家が規定し全国に施行を義務づけた儀式は、国家の権威を持ち（①と④にあたる）全国一律であるがゆえに（②と③にあたる）集団の儀礼として認知でき、習慣的に世間で行われてきた作法は、それが個人を超えたものであるがゆえに何らかの権威を付与でき（①と④にあたる）、またそれが広く共有されているがゆえに（②と③にあたる）、個人が行うべき礼法としうるのである。このような礼を礼として成立させるような枠組の共有の類を、筆者は「類型の共有」と呼んできた。そして中国、朝鮮と日本との間の礼の具体的内容の差を「内容の分岐」とした。この「類型の共有」により、等しく儒教と認知でき、「内容の分岐」によってそれぞれの地域に根付けたのである（土田健次郎「東アジアにおける朱子学の機能——普遍性と地域性」、早稲田大学アジア地域文化エンハンシング研究センター編『アジア地域文化学の構築——21世紀COEプログラム研究集成』、雄山閣、二〇〇六）。

(4)家の概念の差

儒教は実生活に密着しなければならない。それゆえ慣習を無視できないのであるが、さりとて慣習を無条件に礼として容認できるわけではないことは先述した。慣習を取り入れつつ、慣習の変改も要求するところに儒教としての意味を見せている面もあったと言えよう。その中で日本と中国の家族のあり方の差異は、最も大きな問題であった。

日本における家族の特色として、しばしば家職ということが言われる（滋賀秀三『中国家族法の原理』、創文社、一九六七、有賀喜左右衛門『家』、至文堂、一九七二、など）。家は単なる血統だけで存立するのではなく、社会の中での職掌の継承でもある。

この家職を維持するためには養子を取ることがなされ、それに対して儒者が批判を加えることがあったが、効果はなかった。儒家神道の跡部良顕《あとべよしあきら》（一六五八～一七二九）などは、『日本養子説』で、神代から養子があったこと、上古は多産だったので養子は稀だったが今は養子が無くてはかなわぬこと、日本で生まれた者は同じ陰陽五行を受けているゆえ養子は同じ木の接ぎ木のようなものであること、日本人は同じ一つの気であることなどをあげて、養子を肯定している。この養子問題に関しては、人類学者のフランシス・シューが日本の社会結合の特色として「家元制度」をあげているのが興味深い。この「家元制度」のように、必要であれば養子をとりながら血筋の継承という形式を取る擬血縁結合が日本の家族には頻繁に見られるのである（作田啓一・浜口恵俊訳『比較文明社会論――クラン・カスト・クラブ・家元』、培風館、一九七一、原書は、Hsu, Francis L.K.. *Clan, Cast, and Club.* Princeton, N. J.: Van Nostrand & Co., 1963 および "Japanese Kinship and Iemoto", 1970）。なおこの江戸時代の養子問題については、渡辺浩『近世日本社会と宋学』第二章第三節（東京大学出版会、一九八五、増補新装版二〇一〇）が幅広く要を得た整理を行っていて有益であり、日本やアジアの養子については、『シリーズ家族史二　擬制された親子――養子』（三省堂、一九八八）、特にその中で上野和男「東アジアにおける養子の比較研究」などの研究がある。

このような家族形態の日中の差は、孝の内容にも微妙な影響をあたえてはいる。先に述べたように、日本では公の観念が外へ外へと拡大していくと言われる。個々の家族の意義や祖先祭祀の重要性は当然言われていたにしても、他方でこのような公の観念が、より上位の集団への献身へと移行していくことを容易にした。つまり家族を超えた孝の拡大であって、それは必然的に忠と重なっていく。そしてその極端な形が全体への孝となり、それとともにその全体の中の個々の家も、それぞれの職分（家職）を全うするものとしてその存在意義を得る。このような全体への孝を説いたのは中江藤樹であるが、彼が説いた宇宙の根源である太虚へ尽くす孝の思想と、儒家神道などの皇統への忠に収斂される思想とが、同じ相貌を呈していくのである。忠孝一致論は、日本近代において日本の中国にまさる美風とされたこともあった。天皇に対する忠と、外へと拡大していく孝が重なっていくという江戸時代からの現象が、明治時代以後に強調され、評価されたのである（日本における忠孝一致論については既に第二章「儒教道徳」(4)「忠、孝」⑤「忠と孝の相克と一致」で述べた）。

また子の親に対する孝に対して、親の子に対する慈愛を持ち出すのも日本的特色とされることがあった。津田左右吉はそのことを言い（前掲の『儒教の実践道徳』、『シナ思想と日本』）、川島武宜はそれをふまえ、中国においては一方向的献身の道徳という面が強固な孝が、日本においては孝と恩の双方向が説かれることが多いことを持ち出して、そこに近代の国家主義につながるイデオロギーとしての孝の性格を見ようとした（「孝について」、『日本社会の家族的構成』、学生書房、一九四八）。それに対しては種々の議論がなされたが、筆者の考えでは、孝の双方向性と国家主義とを結びつけることは無理があり、むしろ国家主義との関係を問うとすれば、忠孝一致論の方であろう。

（5）儒家神道

ここで儒教の日本的展開のもう一つの例として、儒家神道について述べておきたい。儒教が他宗教と結びつくものとしては、宋から目立つようになり明末には極点に達する儒教、仏教、道教の三者の合一を説く三教合一思想のようなものはあるが、これはあくまでの三教の存在を前提としたうえでの合一を言うのが基本型であった（明末の林兆恩（一五一七〜一五九八）の「三一教」のように限り無く一体化させるものも無いでは無いが）。なおこのような現象を即座に儒教の宗教性と結びつけるのは無理であって、実際には三教が心の場で合一するという議論が基調であったように、三教いずれもの心学化や、儒教の隆盛に対して他宗教側が儒教との共存を図ろうとした傾向を見るべきである（この問題については、土田健次郎「三教図への道——中国近世における心の思想」、『シリーズ・東アジア仏教』第五巻「東アジア社会と仏教文化」、春秋社、一九九六）。それに対して日本の儒家神道は、儒教と神道が当初から一つの教説として合体されているのであり、しかもそれが単発ではなく、継続的にかなりの勢力を持ったことが重要である。なお一口に儒家神道と言っても、神道の神官が神道儀礼を行いながら説くものと、儒者の言説としてのものとがあった

（そのような区別を含め「儒家神道」という概念については、矢崎浩之「『儒家神道』研究の成果と課題、そして展望　附・儒家神道研究文献目録稿」、土田健次郎編『近世儒学研究の方法と課題』、汲古書院、二〇〇六）。

神道家が儒教の教説を導入するのは中世伊勢神道から始まり、そこには神道の仏教からの脱皮への意志があったが、室町時代の吉田神道を経て、江戸時代に至り文字通りの儒家神道として理《り》当心地神道《とうしんちしんとう》、吉川神道、垂加神道《すいかしんとう》、近世伊勢神道をはじめとする各派に結実していく。これらの儒家神道における儒教とは朱子学のことであるが、儒教史から見た場合、朱子学の基調にある理の概念を観念的なものにとどめず日本の精神風土の中で実感化することへの要求がここにはあった。つまり一方では神道の自己展開からの思想的要請はありつつも、同時に儒教の日本への土着化への一形態と言う要素も持っていたのである（土田健次郎「鬼神と『かみ』――儒家神道初探」『斯文』一〇四、一九九六、同「朱子学と神道」、『皇學館大学神道研究所紀要』二二、二〇〇六）。

このように日本儒教と中国儒教の差を言い出せばきりがないほどである。その実体について広くまた簡潔にまとめてあるのは、前掲の渡辺浩『近世日本社会と宋学』である。同書にあるように日本儒教は特殊性を持ちながら、それでも儒教として自己主張ができる理由として、筆者が「類型の共有」を考えていることは先述の通りである。この構造は、内容の分岐が容認されることによって各地の慣習が保存されることでもあって、それは儒教が中国と異なった慣習を持つ地域にも広がる機縁となり、またその地域の文化の特殊性を維持することにもなったのである。

3　儒教が日本に提供したもの

(1)儒教以前の孝と儒教以後の孝

ただ、儒教は単に、日本の文化的社会的特徴を保存したわけではない。たとえば親孝行は儒教渡来以前からあったわけであるが、儒教が入り込んできてから、その重みは増した。坂本太郎「飛鳥・奈良時代の倫理思想――とくに親子間の倫理思想について」(『古典と歴史』、吉川弘文館、一九七二)によれば、『万葉集』の防人の歌などでは、大部分は家族との別れが歌われ、その中でも特に妻との離別をあげたものが多く、次が父母であって、その割合は三四対二四くらいである。さらに坂本氏はこのように言う。『万葉集』や記紀の親子の情は、日本固有とも言えるものであった。儒教の孝は、官人有位者の観念には影響したが、それが身についた実践道徳になったのは、平安時代が進んで九世紀になってからであって、飛鳥・奈良時代では借り物であった。奈良時代に孝を至上の道徳として政治的に利用した。父の仇に報いるという思想は中国からの移入ではなく古くからあったが、天皇の尊貴に対しては、私の復讐は見合わさねばならぬという判断は日本ではぐくまれた。孝が中国ほどやかましく考えられず、天皇の尊貴、国家の秩序などの前には軽んじてもよいという思想が日本にあった。つまり坂本氏によると、日本の古代には親孝行という観念はあったが、それはまだ儒教流とは言えず、このような古代の親孝行の感情が、儒教で潤色され始めると、孝の位置が次第に他の道徳に比して重くなっていった。諸徳目の中で孝の地位が高くなり、そこに忠との関係が議され、諸道徳の関係を整理することが行われるようになったのである。なお筆者が使う「類型」という語の意味は、個々の概念のみ指すのではなく、その概念がひきずる他概念との関係も含んでいている。この類型はさらに他の類型と関係していき、それゆえにそれらの網の目が次第に慣行にも影響を及ぼす。つまり儒教の諸類型は、慣習と連続しながらその地域に入り込み、年月とともにその諸類型が慣習自体を整理し時には徐々に変容させてもいくのである。

(2)皇統論

ここで儒教が日本の現実に影響をあたえた重要な例をあげておきたい。それは日本における正統論の影響である。

先に述べたように朱子学の正統論は、全国を統一して二代続けば、地方政権であっても正統王朝と認定するというものである。江戸時代には将軍、藩主、天皇という三つの忠誠がありえたが、この正統論をあてはめると朝廷が正統となる。江戸時代では現実には複数の政権が並立し、それが関係づけられていることで安定していたものが、忠誠の対象を一元化する正統論が適用されることで、尊皇主義が浮上していったのである。しかも天皇が代々継承して三種の神器が儒教の徳の象徴とされたことが、道の継承である道統論を引きずり込んだ。江戸時代に広く見られるものでは神器の鏡、玉、剣を、『礼記』中庸の知、仁、勇にあてはめる類である（多数あるうちで代表的なもののみあげると、林羅山（一五八三～一六五七）「神道伝授」、山崎闇斎『持授抄』「三種神宝極秘伝」、山鹿素行『中朝事実』上「神器章」、度会延佳（一六一五～一六九〇）『陽復記』、かかる議論の先駆とも言える北畠親房（一二九三～一三五四）『神皇正統記』では、鏡は正直の本源、玉は柔和従順で慈悲、剣は剛毅決断で智恵とする）。ここに皇室が正統と道統を併せ持つとする皇統論が出現した。これは結果的に先の治統論と似ているが、他国に無い日本の優れた点として、皇室が神代から万世一系であることが特に称揚されたところが異なる。そして西欧からの圧力により、日本を一丸とするアイデンティティーが要求される中で、天皇中心の尊皇攘夷思想が広がっていったのである（前掲の土田健次郎「朱子学の正統論・道統論と日本への展開」）。

近年江戸時代の天皇の権威は従来思われていたよりも大きいものがあったという研究があるが、具体的な忠誠を尽くす対象として、一般の武士たちの眼前に存在していたわけではない（ただ武士たちの教養として要求された和歌の伝統の柱に天皇の存在があり、また位階の発行元としての権威もあったというような文化的要素は軽視すべきではない）。それが、列強の圧迫という現実が、天皇の存在にいっそうのリアリティーをあたえていったのである。そこにはまた朱子学をはじめとする儒教の教養の一般化がこのような意識を醸成していたことが強く働いていた。

(3)思想表現の手段の提供

ここで日本における儒教の働きとして、さらに見逃せない問題に触れておく。それは儒教が思想表現の手段を提供したことである。

例えば親への愛情と義務は「孝」という概念で表現されることで、愛と敬という概念で分析的に説明しうるようになり、また「忠」との関係論を引きずり出していく。そのような思想的表現が可能になったことで、他人のみならず、自己自身も納得できる説明が可能になった。

特に儒教が大きな存在感を持った江戸時代において朱子学が果たした機能には大きなものがあった。朱子学は理気論を駆使し、それまでに無い哲学性を儒教に付与したが、そこで駆使された抽象的概念とその組み合わせは、新たな思想表現の手段を提供したのである。

江戸時代以前に、ユニークな体系を構築しえた儒者は日本では見当たらない。ところが江戸時代になると、儒者としての強い自覚を持ちながら、体系性を持った思想を打ち出す儒者が出てくる。その代表は、伊藤仁斎である。

仁斎はもとは朱子学者であったが、後に徹底して朱子学の語彙と範疇を利用しながら、自己の体系を闡明した。たとえば朱子学では「性」を理である「本然の性」と気である「気質の性」に分け、「本然の性」を本来の完璧に善である「性」とした。それに対して仁斎は「本然の性」を否定し、「性」とは単に生まれつきという意味の「気質の性」のことにすぎないとし、朱子学が「性」を追究し、観念的な議論を展開していることを批判した。仁斎は、かかる議論を通して、学ぶ者に日常の道徳を確認しながら実践することを求めるのだが、この種の主張は本来体系として語りづらいものである。それが朱子学の体系をカウンターにすることで、理論的体系を持ち得たのである（土田健次郎「伊藤仁斎と朱子学」、『早稲田大学大学院文学研究科紀要』四二―一、一九九七）。なお当時、期せずして仁斎と同じく朱子学者から出発して、後に朱子学を批判し「気質の性」を「性」とした思想家に山鹿素行がいる。彼ら朱子学批判者は、朱子学を通過したことによって、自己の思想表現の手段を獲得しているのである。

仁斎の思想は単なる「原始儒教」ではない。仏教や朱子学を知ったうえで、全関心を人倫に限定することを主張している。しかもその人倫とは、十人が十人とも知りえ行いうるものと言うように、仁斎の活動の場、つまり元禄時代の京都の人々の生活感をベースにしたものなのであって、ここに復古を標榜しながら日本の日常的価値感覚を理論化する思想表現が得られたのである。

このように、山崎闇斎のような朱子学者はもちろん、仁斎のような反朱子学者さえも、朱子学の語彙や範疇を使用して思想表現を行い、かくて思想言説として表出された思想が、次の思想を呼び起こしていったのである。その顕著な例は、仁斎の体系を否定することで登場してきた荻生徂徠に見られる（前掲の土田健次郎「東アジアにおける朱子学の機能――普遍性と地域性」）。そしてこのような現象が、日本的特質を保存したまま、儒教として存在し続けていくという事態を引き起こしていったのである。

（4）「自覚された儒教」と「自覚されない儒教」

儒教は長年にわたる日本での作用の過程で、土着化の結果、特に儒教として意識されなくなった部分も出てきた。たとえば日本で仏教のものと思われている位牌は、もとは儒教のものである。ただ宋代頃に禅宗が位牌として取り入れたものが日本の南北朝時代あたりに日本に渡来したのであって、仏教のもののように思われているのである。実際に位牌が一般に普及したのは江戸時代中期と言われるが、これなどは「自覚されていない儒教」であろう。もっともこの位牌は本来は儒教の葬礼や祭礼全体に位置づけられてこそ儒教的意味を持つのであるから、それが仏教や習俗と混交している日本の場合を単純に儒教とだけ言いうるかは問題にしてもよいかもしれない。日本人の持つ死体に対する不浄感、埋め墓に対して参り墓を置くような感性といったことと連動している可能性もある。ともかくも筆者は、以前、儒者の言説の類のような「自覚された儒教」と、この位牌の例などの「自覚されない儒教」とを分けて考える必要性を言ったことがあるが（前掲の土田健次郎「東アジアにおける朱子学の機能——普遍性と地域性」）、両者のダイナミックな関係を解くには、儒教以外も視野に入れる必要があろう。

日本儒教は儒教かという問いかけは、日本儒教と中国儒教の異質性の摘出としては意味がある。思想や宗教がその発祥地を超えて広がるには何らかの変容は必須なのであって、それは、キリスト教、仏教など、みなそうである。例えば日本仏教は仏教ではないというような議論が一部でなされ、アメリカの仏教学者などは支持している向きもあるが、日本でそのような考えが一般化するかといえばなかなかそうはいってはいない。それは日本という場では、日本仏教が他の思想や社会との関係の中で確かな位置と働きを及ぼしてきたからである。本来の仏教なり儒教なりに特別の価値を見出し、その地域的変容にその価値が減じたというような議論は、価値判断を含むゆえに注意する必要がある。極論すればカトリックは聖書に書いていないことを多々やっているからキリスト教ではないということになるのであろうか。普遍化しえた思想や宗教は、地域による変容を可能にする普遍的波長を所有していたのであって、儒教の場合は、類型の共有をなしえたことの意味を考えておくべきであろう。

4　朝鮮儒教など

朝鮮儒教、琉球儒教、ヴェトナム儒教について、筆者は十全に論ずる用意が無いので二、三の特徴的事項にとどめたい。

朝鮮儒教は、中国儒教の中身を忠実に行おうとした。その意味では儒教の類型の方の受容を核とした日本儒教とは、ある意味では正反対に向かったと言える。たとえば朝鮮王朝時代における朱子学の受容は徹底していて、『文公家礼』の実践などは中国以上とも言えた。それに対して江戸時代の儒教では先にも述べたように礼は地域によって変容してもかまわないという議論が広く見られた。朝鮮儒教研究者の中には、日朝の儒教の礼の受容の落差に着目して、日本における儒教の浸透を疑問視する者も少なくない（たとえば古田博司『東アジアの思想風景』、岩波書店、一九九八）。いわば朝鮮儒教が中国儒教が右側にゆれたものであるならば、日本儒教は左にゆれたものであって、朝鮮儒教と中国儒教、日本儒教と中国儒教はそれぞれ連続的に見えるが、朝鮮儒教と日本儒教とではかなりの距離を感じることになるのである。ただ江戸時代には朝鮮朱子学、特に李滉《イファン》（退渓《テゲ》、一五〇一〜一五七〇）の著書はよく読まれた。山崎闇斎の系統や、大塚退野（一六七七〜一七五〇）などはその代表である。

なお朝鮮王朝は儒教の中で朱子学を専ら尊び、その程度は他地域に冠絶していた。近年は朝鮮陽明学についても研究が活性化しているが、朝鮮王朝におけるその勢力は朱子学に比すべくもない。朝鮮王朝では朱子学の教理解釈をめぐる論争がしばしば起きた。四端と七情の関係をめぐる「四七論争」、人と物の本性の異同についての「人物性同異論」はその代表である（先駆的研究としては高橋亨「李朝儒学史に於ける主理派主気派の発達」、『朝鮮支那文化の研究——京城帝国大学法文学部』第二部論纂第一輯、刀江書院、一九二九）。朝鮮王朝では朱子学の担い手は官僚となれる世襲身分である両班《やんばん》であって、しばしば学説の対立がそのまま政争とリンクし、犠牲者もかなり出た。政治家と儒者が重なるのは朝鮮も中国もそうであって、その点日本では儒者は基本的に学者家業であり、彼我の儒教が機能する状況の差がこのようなところにも出てくる。なお朝鮮朱子学における朱子学文献研究の蓄積や教理体系についての先鋭な議論は、現在の朱子学研究でも大きな価値を持っている。

また朝鮮王朝が深まると、新たに実証主義、現実主義を標榜する実学が登場してきた。この実学が朝鮮近代化に貢献したという論調が以前は主流であったが、近年は朱子学の方にもその要素があったという研究も見られる。日本に比して韓国では儒教研究者の数が多く、西欧思想との比較も盛んである。儒教を現代に活かそうという意識は学界でも強く見られ、その点も日本と異なる。

琉球にも儒教は入ったが、その担い手の中心は中国から移住して琉球に住みついた一族である。儒教的教養人で政治家の蔡温（一六八二～一七六二）や程順則（一六六三～一七三五）はその代表であって、彼らの文献を見る限り、個性的かつ体系的な儒教思想を展開しているわけではないが、独自の生活文化を維持しつつ一方で中国を範とした琉球の文化の中で、儒教がそれなりの地位を持っていたことは確かである。なお琉球儒教に関する話柄でよく取り上げられるのは、明の太祖の『六諭』に清の范鋐《はんこう》が中国語の口語で解説を付した『六諭衍義』を程順則が中国からもたらし、中国語のテキストとして使用、それが薩摩藩に、さらにそこから幕府に献上され、荻生徂徠がそれに訓点を付し、室鳩巣が和文で『六諭衍義大意』を書いたという件である。

またヴェトナム儒教では、家族レベルでは孝、社会レベルでは義が格段に尊重され、女性の社会的地位が高いために、子の父母に対する孝が説かれたが、民衆レベルではかえって母親に対する孝が強調されたと言う。また忠よりも義の観念が強く、忠は王と官人の間に限定され、民衆には達しなかったのに対し、義は正義、大義、道義という意味合いで民衆まで受容したとも言う（以上は、坪井善明「ヴェトナムにおける儒教」、『思想』一九九〇年六月号）。忠孝という類型の中での内容の分岐がある一例であろう。

九　現代における儒教

1　近現代における儒教批判の種々相

(1)中国近代における儒教批判

東アジアにおける西欧の圧倒的な軍事力の衝撃は、限りなく大きかった。それは従来の政治、社会のみならず文化、思想への不信を引き起こした。当初は、日本の「和魂洋才論」や中国の「中体西用論」のように、西欧からは科学技術の類を摂取し、精神的には伝統的価値を維持しようという議論もあったが、やがて伝統的価値とは何かという問題に直面していく。伝統的価値としてはやはり儒教が軸になるわけであるが、否定するにしろ肯定するにしろ、その儒教というものの本質を再確認しなければならないことになったのである。その場合、はっきりと見えていたのは不定形に生活の中に染みこんでいる伝統的価値ではなくて、押し寄せてくる西欧文明の方であって、それと対立対抗する要素を自己の伝統の中から探り出すことがむしろ多かった。先にも述べた西欧近代思想との対抗によって浮かび上がってくる狭義の儒教である。なおしばらく前から無自覚のうちにも西欧的価値に偏向して他文明を把握するオリエンタリズムについての議論が盛んになり、それを東アジアにもあてはめる状況も見られるが、実際には東アジア側自体もこのオリエンタリズム的視線に対応して自己認識をしてきた点が無かったわけではないことにも注意する必要があろう。

中国近代における著名な儒教批判と言えば、陳独秀（一八七九〜一九四二）を中心とした新文化運動であろう。この運動では民主（「徳先生Democracy」）と科学（「賽先生Science」）を標榜し、激しい儒教批判を展開した。そこで批判されている儒教とは、不平等、不自由の思想である。陳独秀は「三綱の倫理」を「我が国の倫理の大宗」としたうえで、「その根本義は階級制度である」と断じて否定し、それに対する近世西洋の道徳政治は「自由・平等・独立の説をもって大宗として階級制度と極端に相反している」とした（一九一六年の「吾人最後之覚悟」）。三綱五常批判は陳独秀らが雑誌『新青年』（前身は『青年雑誌』）で展開したものであって、その根底には家族制度批判もあった。先にも触れたが作家の魯迅が『狂人日記』（一九一八）で歴史書には毎ページに仁義道徳が書いてあるが、その字間からは「喫人（人を食らう）」の二字が見えてくると言い、呉虞《ごぐ》（一八七一〜一九四九）は『食人と礼教（喫人与礼教）』（一九一九）で、歴史文献からその実例を列挙した。呉虞は、礼教で讃えられた人物が平気で人肉を食べた（食べようとした）例を列挙したが、中には忠義を全うするための籠城で、食糧として愛妾や一般人の肉を食べたという話も入っている。このような話については、清の袁枚《えんばい》（一七一六〜一七九七）が「張巡殺妾論」で、それがいかに不自然であり、孔子や孟子の精神とも背馳しているかについて論じているのだが、それはともかく、儒教の持つ非人間性を刺激的な形で示したものであった。またこのような反儒教の運動は、時の大総統の袁世凱が一九一三年に尊孔令を発布するなどの儒教称揚運動を展開したことに対するものでもあった。

ともかくも当時の儒教批判に現れている価値観は自由、平等の絶対視であって、そのカウンターとして儒教の統制主義、階級主義が批判されたのである。このモチーフは中国のみならず日本でも広く見られるものであって、現在の儒教観にも影響している。

(2)日本近代における儒教批判

日本の明治時代に西村茂樹は、明治二〇年(一八八七)の『日本道徳論』で、当時儒教道徳のみを用いることの不都合の理由をこのようにあげた。

一、西欧で著しく発展した「生器心性」等の議論と、儒教とでは齟齬をきたす。
二、儒教では禁止に力点がおかれ、勧奨が少ない。それが進取の気象を阻む。
三、儒教の教えは、尊属が有利で、卑属が不利である。
四、儒教は、男尊女卑である。
五、儒教は、いにしえばかりを尊び、現在を否定するが、現在はかかる尚古主義ではたちゆかない。

ここであえて西村の議論を引いたのは、一般的には保守派と言われ、儒教の同時代的意義も認め、特に晩年近くはその傾向が強くなった西村のような人物ですらこのような発言をしていること、それと当時としては極めて率直な議論だからである。もっと過激かつ有名な例では、西村と明六社でともに活動したことのある福沢諭吉の儒教否定論がある。福沢は江戸時代の身分制を憎悪し、そのイデオロギーが儒教であるとした。福沢は「わが心をもつて他人の身を制すべからず」という立場から西村と同じく儒教の不平等主義を批判したが、同時にこの立場から儒教の不自由主義にも攻撃の矛先を向けるのであって（『学問のすゝめ』、一八七二～一八七六）、近現代における儒教批判の基本モチーフがここに現れている。なお福沢の場合は、儒教の教説内容だけではなく、儒教一尊という社会のあり方自体が、自由の必須条件である「多事争論」を封じたということも問題にしている（『文明論之概略』、一八七五）。その他、初期の儒教批判では、キリスト教の小崎弘道《こざきひろみち》（一八五六～一九三八）の『政教新論』（一八八六）などが知られている。

（3）平等思想からの儒教批判

つまり近現代における儒教批判は次の二項目につきるのである。

一、儒教の反平等思想に対する批判
二、儒教の反自由思想に対する批判

この両批判の対象として忠孝思想が挙げられるのは必然であった。礼教の持つ非人間性ということでは、孝の説話の中には、現代の視点からするとかなり不自然に思えるものも多い。例えば郭巨《かくきょ》の話などはその最たるものであろう。貧窮していた郭巨は、老いた母親を養うために食い扶持を減らすべく自分の子を殺そうとした。天はその孝心に感じて、子を埋めるために彼が掘った穴から黄金が出るようにした。もっとも旧中国でもこの話の極端さは問題になっており、先に触れた袁枚などはこの話の不自然さを痛烈に批判している（「郭巨論」）。

また「割股《かっこ》」、つまり親に食べさせるために自分のももの肉を切り取ることも美談とされた。この種の話が伝承され、受容されてきたことも、近代以後の儒教批判を引き起こす要素の一つとなった。

ただ注意すべきなのは、このような極端な孝行を推奨する一方で、それに対する袁枚の例に見られるような制御意識も働いたのであって、どの思想にも見られる極端化とその抑制とがここにも見られることである。たとえばキリスト教における異端審問や魔女裁判による火刑のような例があったことをもって、即座にキリスト教自体の全面否定にまで行き着くであろうか。孝子説話の極端な例をもって儒教一般のイメージを固定化するのではなく、儒教の孝重視といってもかなりの振幅があったことをおさえておくべきであろう。しかし近代の儒教批判は、このような例を多数挙げて儒教に攻撃をかけたのである。ここにある図式は、西欧近代の民主主義思想から照射した儒教の特質論である。

このような儒教批判に対する反論もあった。たとえば儒教にも平等思想があったというようなことが言われ、万物一体の仁の類が持ち出されてきた。しかしそれらが今一つ説得力が無かったのは、この平等思想なるものが政治政体としての議会制民主主義などに結びつくような性格を持っていなかったからである。また平等思想を言うのならば、儒教よりもストレートにそれを主張し理論化している西欧近代の思想を用いた方がよいという話で終わってしまう。

儒教の平等思想ということで付け加えるとすれば、「均」の思想の存在である。『論語』に「私(孔子)は聞いている。国家や領土を所有する者は、(民が)少ないことを心配しないで均しくないことを心配し、貧しいことを心配しないで安定しないことを心配する」という語がある(「季氏」)。この「均しい」という語のもとの意味は、朱熹がそれぞれの分を等しく守ることと解釈するようにいろいろと考えることができるが、『漢書』食貨志ではこの『論語』の語を引用したうえで「田畑や家屋を平等にする」と言うように、井田法《せいでんほう》の理念とされたことがあった。なお伊藤仁斎はこの『論語』の語のもとの形は「貧しいことを心配しないで均しくないことを心配し……」であったと推測する(『論語古義』)。この「均」を取り上げた研究では、山田勝芳『中国のユートピアと「均の理念」』(汲古選書、二〇〇一)などがある。

井田法は『孟子』滕文公 上や『周礼』地官・小司徒に見え、田畑を井の字型に九の区画に分割し、農民がそれぞれの区画を平等に持ち、中央の区画は共同して耕作し、その収穫を租税として出すという『孟子』の議論は特に有名である。このような田畑の平等理念は、均田法などという形で現れた。儒教の平等思想が最も理念化されたものは、『礼記』礼運の「大同」思想であろう。これは、古代は私有財産の無い平等世界であって、全てを共有していたという内容である。この大同思想は、近代の康有為によって新たな味付けをされたのであって、儒教の幅の広さを示すものの一例である。しかし康有為は別として、近代以前のこれらの平等思想は、基本的には一君万民の中で民の「均」を求める思想であって、君と民という上下関係を崩すという話ではなかった。ただ社会的平等ということが問題になるということを儒教が喚起していたということは、儒教と近代化との関係を考えるうえで視野に入れておく必要はあろう。

(4)自由思想からの儒教批判

平等と自由の問題を比較した場合、むしろ儒教において欠如しているのは自由の思想の方であろう。ウィリアム・セオドア・ドバリー氏は宋明儒学に自由の伝統を見たが(ドバリー著・山口久和訳『朱子学と自由の伝統』、平凡社、一九八七、原書は de Bary, Wm. Theodore. *The Liberal Tradition in China.* Chinese University Press, 1983)、この自由とは社会的自由ではなく、聖人に向けて自己向上をしていくという道の選択とその実践が各自の自主性にゆだねられているという意味である。社会的自由とは、個々の人間の多様な価値観、政治的判断を、その社会自体の破壊を引き起こさないという範囲内で容認するということである。つまり多様性の容認なのであるが、そのような発想は儒教には無かった。強いて言えば明末の李贄に、是非が一律でなくてもよいとするかの言があるくらいではなかろうか。なおこの多様性の容認とは、一つの状況において多様な判断を認めるということであって、その対極にあるのは本書第二章6「諸道徳の相克」でも触れた朱子学の「一物一理」の思想である。「一物一理」とは「一つの状況には一つだけ道理がある」という意味であって、ある状況におかれた場合、人の取る行動は一つしか無いということである。このように行動のみならず意識の一律化を図る方向性が多かれ少なかれ儒教にはあり、儒教が重視する礼も、具体的所作だけの統一ではなく、その根底にある精神状況の共有化があってこそ礼として成立しているのである。

このように自由主義の方が、儒教と対立する要素を持つ。人間平等を標榜する社会主義者が儒教批判を行うというのはごく普通の現象であるが、保守系リベラリストの中でも儒教批判者がいるのは、この方面を目しているからであって、彼らの方は儒教的体質と社会主義とを類似の型の思想として否定するのである。

2　儒教と近代化

(1)近代化への貢献問題

島田虔次氏は儒教の近代化に対する可能性を強調したが、その例としてあげたのは、陽明学の泰州学派であった。島田氏はその学派の掉尾を飾る明末の李贄の思想にヨーロッパ近代思惟と同型の要素を見たのである（『中国に於ける近代思惟の挫折』、筑摩書房、一九四九）。ただ島田氏によれば、その近代思惟の萌芽も清朝の飴と鞭の統治により挫折し、近代になって別の形で登場した。筆者は、李贄の思想がそのままヨーロッパ近代思惟に成長するとは思っていないが、李贄を生み出した当時の精神風土はかかる思惟を受容できる可能性を持ち得ていたかもしれない。そのような状況のもっと顕著な例としては、江戸時代と近代化との関係が挙げられよう。つまり江戸時代がそのまま続けば西欧風近代になったのではなく、江戸時代の蓄積が西欧近代を受容できる地盤を作っていたのである。

儒教が西欧近代思想の受け皿になったか否かということで言えば、先にも触れた康有為が理想的な平等社会を『礼記』礼運の「大同」から持ち出したり、日本の幕末の横井小楠が、儒教の禅譲を持ち出してアメリカの大統領制を称揚したりするといったことも挙げられる（『国是三論』）。また遡って、近代になって「東洋のルソー」と呼ばれるようになった明末清初の黄宗羲が王者による天下の私物化を糾弾し、知識人の輿論の重視を説いたり（『明夷待訪録』原君、学校）、彼と同時代の顧炎武が王朝の滅亡は統治者側の問題だが、天下が亡ぶのは庶民にも責任があるとして、王朝と天下を峻別したりするのも（『日知録』正始）、近代につなげられる要素が見えなくもない。事実これらのいくつかについては島田虔次氏のように儒教の可能性を見出す議論もなされてきたが、いずれにしても儒教の幅は通念以上に広いということと、社会的平等など近代政治思想の最も中核を為す課題について既に問題化していたということなのであって、それではそれを超えて、儒教思想の内発的発展の結果として、平等社会とか議会制民主主義の思想がもたらせられるかと言えば、それは疑問である。そもそも儒教と近代化の議論は、儒教の知識が拡大して西欧近代思想の受け皿となったとするのも、儒教が引きずるさらに多くの反近代的要素を列挙して、すっぱりと儒教自体を否定してこそ西欧思想の直接的導入が可能であったはずだとするのも、両者とも西欧近代的価値を絶対化している点では変わりは無い。もし現在の視点で儒教ならではの現代的意味を考えるとしたら、それは西欧近代的価値自体を相対化するものとしてではなかろうか。

また近代化というのは何を指すのかということがやはり問題になる。富国強兵のみを近代化というのではなく、議会制民主主義などの政治制度のことであるとするならば、それへと発展する要素が果たして儒教に見出せるのであろうか。儒教の幅の中には近代的政治制度と連続できる教説が含まれ、また近代で課題とされた社会的政治的諸事象に対する省察もなされており、事実近代初頭の東アジアの知識人たちはかなりの部分儒教的教養をもとに西欧の諸制度を理解したのであるが、これは儒教の果たした歴史的貢献ということであって、儒教ならではの本質的価値とはひとまず分けて考えておく必要があろう。

（2）儒教と経済活動

以前は、儒教と漢字は東アジアの近代化を遅らせるものとされることが多かった。儒教の封建性が近代化を阻害し、漢字の使用が国際化や啓蒙化を阻むというものであって、このような考えは今でも根強い。それが、逆にこの両者が存在したからこそ、東アジアは近代化ができたという評価が出てきた。

特に儒教についていては、儒教が培った倫理観は、企業精神と矛盾するものではなく、むしろそのバックボーンになりうるものであるという経済的観点からの評価がある。マックス・ヴェーバーの有名な、プロテスタンティズムの倫理が資本主義成立の精神的支柱になったという議論があるが（『プロテスタンティズムの倫理と資本主義の精神』）、ヴェーバーは儒教にはプロテスタンティズムのような要素が無かったと見なし、それが中国における資本主義の未成熟につながったとした（『宗教社会学論文集』一所収の『世界宗教の経済倫理』の中の『儒教と道教』第八章「結論――儒教とピューリタニズム」、もとになった論文は一九一五～一九一九、邦訳は木全徳雄訳『儒教と仏教』、創文社、一九七一）。

それに対して余英時氏は、儒教にも資本主義の精神たりうるものがあったとした（余英時著・森紀子訳『中国近世の宗教倫理と商人精神』、平凡社、一九九一、原書は『中国近世宗教倫理与商人精神』、聯経出版公司、一九八七）。ヴェーバーは、プロテスタンティズムの教理から「天職」観念と「世俗内禁欲」が出、それが資本主義を支えたとしたのであるが、余氏はこの二者が儒教倫理にもあるとしたのであって、これはヴェーバーの骨格を継承しながら、その適用を修正する議論である。中国には山西と安徽の二つの広域商人の出身地があるが、余氏はこのうち安徽の徽州商人関係文書を分析し、そこから見出される倫理観などをも根拠にしながらかかる議論を展開している。

また、そもそも儒教と経済の関係が話題になり始めたのは、中国学者からではなく、アメリカの経済学者であると言われる。明治維新以後と戦後の日本の経済発展は世界に衝撃をあたえたが、当初はそれが日本的独自性で説明されてきた。しかし戦後しばらくして「四匹の小さな竜」、つまり香港、台湾、シンガポール、韓国の経済発展が目ざましくなると、日本を含めたこの地域の共通項ということで論じられることになり、そこで「儒教文化圏」と経済発展の相関関係が俄然注目されたのである（シンガポール経済は華人系が握っている）。儒教が経済発展をする精神的土壌を形成したというような評価が盛んになされるようになり、それは「儒教ルネッサンス」などと呼ばれたこともある。

先にも触れたように、特に中国、中国以外の華人社会、韓国では経済倫理を提供する思想として儒教が期待されているのであって、現在、中国や韓国の学会で「儒商」がテーマになることも少なくない。

（3）儒教と教育

またかかる儒教と近代化の問題を中国研究側から検討した議論の中では、教育に注目するものがある。それはウィリアム・セオドア・ドバリー氏らの研究であって、儒教、特に宋以後の新儒教（Neo-confucianism　朱子学や陽明学を中心とした、宋以後主流となった一連の儒教）が広まった地域は教育力が増し、それが西欧文明の受容に大きく貢献したというのである（de Bary, Wm. Thodore, and Chaffee, Jhon W. ed. *Neo-Confucian Education: The Formative Stage*. University of California Press, 1989）。朱子学をはじめとした新儒教は確かに万人が聖人に到達することを求めたがゆえ教育に力を入れたし、中国や朝鮮に関しては、科挙合格のための教育を受けることが立身出世の条件になり、そのことが拍車をかけた。それ以外に筆者は、朱子学の思考訓練という面が見逃せないと思っている。

朱子学が東アジアの思想界にもたらしたものの大きさは、孔子にも匹敵する。それは、主観と客観、存在と当為、欲望と道徳、人と自然、個人と社会、といった普遍的課題についての論理と表現を、東アジアに提供するものであった。たとえば、丸山真男氏は自然と規範が一体化しているものとして朱子学をあげ、その自然と規範が分離していく朱子学的思惟の解体過程に日本的近代への萌芽を見た（『日本政治思想史研究』、東京大学出版会、一九五二）。しかしそもそも自然と規範というものを分けて考えるということを教えたのが朱子学なのである。朱子学では「理」に「そうである根拠（然る所以の故）」と「そうであるべき法則（当に然るべき所の則）」の両面を見るが、大まかに言えばいわばこの両者は「存在Sein」と「当為Sollen」であり、朱子学ではこの両者をきちんと弁別したうえで、その一体を説くのであって、両者の区別を全く意識しない一体化とは本質的に異なるのである。このような抽象的思考の訓練が、西欧近代文明を理解する受け皿になったという面はやはり見逃すべきではない。

朱子学に触発されて江戸時代には多くの儒教の学派や儒教以外の教派が登場した。日本では科挙が無く、各藩は藩校にそれぞれ学派を選択し、また町儒者たちも種々の学派に属した。そのような複数学派並列の状況は、それらを比較検討する作業を常態化し、そのような訓練も西欧文明の受容に効果があった。たとえば先にも言及した西村茂樹は、維新以前は儒教各学派を折衷した政策論をしていたが、明治になると西欧思想を視野に入れての比較検討へと拡大させていったのである。

(4)漢字の効用

なお漢字についても触れておきたい。漢字を使用する地域を「漢字文化圏」と言うが、これは文字としての漢字のみならず漢字音を残す地域という括りも可能である。というのは北朝鮮やヴェトナムのように漢字の文字自体は無くなっていったが、漢字の発音が現存しているというケースもあるからである。注目すべきは漢字の造語力であって、日本で多くの西欧近代の学術用語や専門用語が漢語に訳され、それは現在でも使用されている(漢字の造語力は言われているほどではないという意見もあるが）。日本で作成された漢語による西欧諸語の訳語は、中国にも輸入され、その一覧表は王力『漢語史稿』下冊（科学出版社、一九五八）に載っている。漢語の訳語は、日本や中国の学術界で定着し、それは一般にも普及した。それとともに西欧文明の著作の大量の翻訳がなされ、それも広範な読者を持った。よく日本近代文化を翻訳文化というが、翻訳のおかげで西欧文明の精華が一部のエリートに限らず広範な受容者を得られたことを見逃してはならない。そして翻訳によるということは、自国語を保存するということであって、漢字文化圏は、結果的には自国語を保存している地域なのである。自国語の保存は、それぞれの言語の中に組み込まれた文化を自然に継承することを可能にしている。レオン・ヴァンデルメールシュ氏は、漢字文化圏の地域を「母の死を見ないで子が育った地域」と言っている（レオン・ヴァンデルメールシュ著・福鎌忠恕訳『アジア文化圏の時代――政治・経済・文化の新たなる担い手』、大修館書店、一九八七、原書は、Vandermeersh, Léon. *Le nouveau Monde Sinise*. Presses Universitaires de France, 1986）。

なお、中国や日本など漢字を残した地域は、現在において他地域よりも漢文との接続が容易であって、漢文という文献の財産を現在でも直接的に活用しやすい状況を作っている。特に儒教における経書の意味の大きさを考えると、漢字使用の維持は、儒教存続の生命線とも言えるものである。

ところで漢文教育廃止論も、明治から存在した。意外なことに、その主唱者の中には現在の視点から見れば保守系と目される人物がかなりいる。彼らにとっては、日本を富国強兵にし、国家としての独立を維持することが重要であって、それにはいち早い西欧文明の導入が必要であり、そのためには西欧言語の習得に引っ張っていかねばならなかったのである。また国学系統や、そうではなくても津田左右吉のように日本人の精神生活における漢文文献の不自然さを言う者は、漢字や漢文の使用を好まなかった。ただ実は近代になっても大戦までは漢文は意外なほど隆盛していたのである。『漢籍国字解全書』や『国訳漢文大成』、『漢文大系』などの漢詩文文献の啓蒙書は洋装本で各種出版され読書界で歓迎されていた。儒者は存在しなくなっても、儒教受容の基盤の一部はかくて存続していったのである。

3　儒教存立の前提の消滅

ただ近代化に儒教が貢献する部分があったにしても、儒教が成り立っていた前提が近代以後失われていったのは確かである。

儒教は社会に密着していることを誇る思想である。それゆえ社会に対する影響力も強く、また同時にいかなる社会体制かで、その効力に著しい差がでる。具体的には、上下秩序を必須の前提にしている社会の中で儒教を説くのか、近代以後のように万人平等を標榜する社会の中で説くのかで、自己主張する力点のあり所と、持たれる印象が相当に異なってくるのである。前者の場合では、儒教は社会秩序を維持すると同時に点検し批評するものとして機能し、後者の場合では、儒教は、この社会の建前とは別に現実に発生する上下関係を社会の必須の因子としたうえで、それを整備しまたそれに対して心理的に適合する理論として機能しうる。前者の場合は、儒教の権威は安泰であったが、後者の場合は、儒教が果たして説得力を持てるのか否かは微妙であろう。

儒教が前提としていたが現在は失われたものの代表としては、王者の存在、儒教祭祀の実践、経書の学習環境、儒者という存在、孔子廟など儒教施設、がある。孔子廟などは残っていても観光地化している。それに家族の弱体も大きい。特に中国の場合は一人っ子政策による兄弟の存在を前提とした「悌」の道徳の消滅が問題となる。

王者の不在は、忠がその対象を失うことである。先述のように、忠の対象としては王者個人に対する場合と組織に対する場合があるが、組織に対する場合であっても、その象徴として王の存在は必要であった。たとえ実際には組織に対する忠誠であっても、王が無くて組織のみでは、忠誠についての感情移入が難しく、対象としては不足なのである。

そもそも現代の議会制民主主義を採用している政体において、儒教は成立するのであろうか。余英時氏は、儒教の不死を言いながら、現在は体を離れた「遊魂（ただよう魂）」であるとする（「現代儒学的困境」、『現代儒学論』、上海人民出版社、一九九八）。この体とは言うまでもなく、近代以前の皇帝を頂上にいただく政体である。制度的基盤を失いながら、過去の政体から醸し出された種々の精神的産物のみが残るというのが現在の儒教の状況なのであるが、それでも意味を持ちうるとすれば、この「遊魂」を新たな政体にいかに効果的に付着できるかということが鍵となろう。

なお日本で自ら「儒者」と称した吉川幸次郎氏は、儒教を人間に対する善意とか、ヒューマニズムの思想としたが、忠孝思想の肯定という面は重視していない。むしろ、「三尺さがって師の影をふまず」というのは儒教文献には見られず仏教に典拠があるとか、窮屈な秩序重視は日本的であるというような氏の論法からは、中国儒教には権威的性格が薄いと言いたいという志向があるように感じられる(「日本の潔癖」、一九五二、「日本的歪曲」、一九五九、「君臣父子」、一九六〇、いずれも『吉川幸次郎全集』一七所収、筑摩書房、一九六七)。また島田虔次氏も儒教に好意的であるが、それは近代的価値観とつながる部分が中心であって、やはり王や親に対する忠孝という面については評価の対象からはずしている。先述のように儒教にも近代につながる要素は無かったわけではないが、儒教の軸としては、天子や親の存在と忠孝が重要であることに変わりはなく、それを抜きにして儒教の近代的あるいは現代的意義を云々しても、儒教の派生的効果のみを言う議論との印象を拭いきれないであろう。また馮友蘭は、儒教教説の中の封建的要素は捨てて現代でも意味のある部分を抽象化し選択継承する「抽象継承法」を提唱したことがある(「関于中国哲学遺産的継承問題」、『光明日報』、一九五七、しかし後に批判されて撤回する)。これは単純ながら説得力を持つ論法であり、多かれ少なかれ思想が継承される場合はこのような要素はあるものだが、しかし反近代であることから脱却することを至上命令とした場合、抽象化されたものの意味づけも西欧近代思想に頼ることになる可能性が高いのであって、それならばいっそ西欧近代思想のうちの中国の体質にあった部分を選択的に積極的に取り込むにしくはないということになりはしないであろうか。ここで敢えて言えば、儒教の現代的意義にこだわるなら、忠孝から逃げないで、むしろ忠孝というメンタリティーの持つ意味を真正面から問題にする方が存在意義を見出せるのではなかろうか。

経書学習については、これが教養教育であったことが重要である。近代以前の東アジアでは知識人は基礎教養に儒教を持っていたのであって、従来の儒教思想に飽き足りない場合でも、新たな展開の根拠になるようなフレーズを経書群の中から探し、その結果打ち出した思想が、儒教の幅をさらに広げていった。特に古典というものは、それを共有しあう層が確固として存在しないと、古典として機能しない。古典とは古い典籍ということだけではなく、常時参照され、またその中のフレーズが議論の決め手となることができなければならない。新たな事態に対して人々が回答に窮した時、古典を参照し、その中から解決の糸口をたぐり出せてこそ、古典なのである。つまり経書学習の基盤の消滅は、古典としての機能を経書から奪ったのである。もし現在、経書の引用を行うのならば、まずその経書の内容と意義を説得力を持って語る必要があろう。中国では科挙のように政府が経学を促進する装置を設け、日本でも幕府の昌平黌や藩の藩校などを通して経書学習の促進が図られたが、政府が経学を普及させ、それによって儒教を基礎教養化していたのである。政府にこのような施策が無いのに、経書学習基盤を存続させるのは困難である。現代の日本で儒教の受容層が残っているのは、一つには漢文教育が高等学校の正規授業であり、そこで少ないながら『論語』などの儒教の経書が教授されていることが大きい。もしそれが消滅したならば、儒教の命脈は途絶えはしないにしても、かなり細くはなろう。

儒教祭祀は王者が核となり実施するわけであるから、その核が消滅すればともに消える。また個人レベルでの祭祀は、自宅での父祖に対する祭礼であるが、中国では文化大革命などで徹底的に破壊された。またこの方面は家族結合の弱体化とリンクして衰亡している。

家族の紐帯の脆弱化については、もちろん儒教にとってマイナスであるが、逆に家族の意義を再考するよすがとして儒教再評価の雰囲気が出てくることはありえる。

ここで、宋以後の朱子学や陽明学などに限って言えば、万人が聖人になりうるという大前提の消滅もこれらの思想の衰退と関係する。この大前提をもとに朱子学や陽明学の自己修養論や世界解釈は成立しているのであって、これが前提となりえなくなれば、これらの思想のパラダイムは機能しないのである。この根本問題を抜きにして、彼らの資料の中から適当なフレーズを処世訓として利用することが行われているが、これではこれら思想の本領が発揮できているとは言えない（土田健次郎「現代における朱子学の意味」、『二十一世紀の地球と人類に貢献する東洋思想』、将来世代国際財団、二〇〇一）。

現代人は、万人が聖人に到達できるということを信じられなくなっている。そもそもこの聖人とは、先にも述べたように、それぞれの状況で心が理にかなった動き方をする存在である。つまり心の働きの画一性を求めているのであって、同じ状況下でも人によって心の動き方が異なることを承認する「自由」の思想（他者への寛容）とはそぐわないのである。ただこの他者への寛容は確保するにしても、自分が自律的に全て判断できて迷わない境地、意識の表層だけのストレスの消滅ではなく、潜在意識を含めた心の安定は、現代人も希求するところである。その際、このような境地が自己の内心だけで完結してしまい社会性を失っていれば、それこそそれは儒教が禅宗を攻撃した内容と同じものである。社会性を享受するということになれば他者と自覚的に共有できるものがなければならず、それにはやはり個人を超えた何らかの原理の獲得が必須であるが、現代では儒教のように所与のものとしてその原理を設定するのは困難である。それでも自己向上を続けることで一生のそれぞれの時期に意味あらしめること、その際に個人の生の軌跡だけに閉じこもるのではなく家族や社会との調和をもその中に取り込むことは、現代人にとってもかなりの意味を持つはずである。そして現代人がかかる志向を持った時、儒教文献に残る聖人を目指して儒者たちが行った自己修養の経験の集積は、社会人としての個人の意識の変容のサンプルとして大きな価値を持つであろう。

4　儒教の現代的意義

筆者は、以前、儒教の現代的意義として言われていることを次のように整理したことがある（土田健次郎「儒教から何を学ぶか」（『日本教育』平成一六年八月号、二〇〇四）。

I　個人に対する過剰な意味付けの緩和。社会と個人の調和

Ⅱ　個人と社会の結び目としての家族の重視とそのあり方の提示
Ⅲ　公に対する献身の意味を民族がはぐくんできた美意識に連結させて語ること
Ⅳ　建前としては平等を標榜している現代社会でも現実には存在する上下関係への対処のしかたの提示
Ⅴ　自己陶冶の再認識
Ⅵ　他人との関係の円滑化、言語を補うものとしての礼
Ⅶ　複数の宗教や思想の共存の基盤の形成（それには日常生活の場における倫理の共有が重要となる）
Ⅷ　アジアにおける精神的連帯の基礎の形成

これらのうち過半数のものは特に説明を要しないであろう。近代的価値観への反省の材料であったり、集団主義の再評価であったりするものである。そこで、このうちの数点についてのみ補足しておきたい。

まずⅠについてであるが、先述のように、狭義の儒教は、何と照射しあうかで、その特質とされるものが変わる。アメリカで見られるような、自由主義（Liberalism）、自由至上主義（Libertarianism）、共同体主義（Communitarianism）の拮抗という図式の中では、儒教は共同体主義になじむものとして評価されることがある。事実、儒教の現代的意義を語る学者が、アメリカ

の共同体主義論者の議論を引用することを目にする。

なお中国ではレオ・シュトラウスなどもよく読まれており、西欧思想の文脈の中での近代的思惟批判と古典的価値への回帰が、愛国的心情とからまって儒教への新たな評価へつながっていく可能性が見える。

Vについては、先に述べたように、朱子学や陽明学などに顕著な自己修養の現代的意義である。スイスの精神分析学者のカール・グスタフ・ユングは、道教の内丹に関心を持ち、『太乙金華宗旨』の解説を著した。内丹とは不死の神仙になるための瞑想であるが、そのプロセスの詳細な叙述は、精神分析に有効な材料となると見たのである。ユングは儒教文献に対しては『易経』に関心を持ち、文章も著しているが、儒教の修養法自体については目立った議論は無い。ただ儒教も聖人となることをめざして心のグレードアップを図り、その時の経験を種々に書き記しているのであって、それらは先述のように心の記録として大きな意味を持っている。

なお近年影響をあたえた井筒俊彦『意識と本質――精神的東洋を索めて』（岩波書店、一九八三）は、イスラム教神学やヨーロッパ哲学などと対比して東洋思想の構造を論じているが、その中に儒教に触れた箇所があり、それに注目している研究者も少なくない。井筒氏の儒教、特に朱子学解釈については筆者は疑問を持っているが、それはともかく、氏の一連の業績で貴重なのは、単なる思想構造の表出だけではなく、それを実践する当体の意識変容を比較思想論的に描出したことである。この方面の研究は、今後のさらなる展開が要求されよう。

また現代新儒家の第三世代と言われるハーバード大学名誉教授で北京大学高等人文研究院長の杜維明氏は以前から儒教の本質としてHumanityとSelf-cultivation（自己修養）をあげてきたが、現在でも欧米の哲学に関する学識を動員して儒教の現代的意義を語り続けている（最新のものでは宮下和大訳「二十一世紀の儒学」、土田健次郎編著『二十一世紀に儒教を問う』所収、早稲田大学出版部、二〇一〇）。

Ⅶについては、いわゆる儒教圏では、複数の宗教が並立してきたという状況がある。朝鮮王朝時代には儒教一尊の傾向が強かったが、中国では仏教、道教、日本では仏教、神道と並存したのである。しかもそこには一種の棲み分け現象も見られた。中国では先述のように、儒教流の祀堂で神主（位牌）を祭る祭祀をしながらも、個人の魂の平安を得るために仏教の寺への参拝も行われ、日本でも幕府の政策もあり、各家は寺院の檀家となって、仏教組織の中に組み込まれていた（寺請《てらうけ》制度）。そこには一つの柱があった。それは日常生活における倫理観の共有であって、儒教はそれを理論的に支えるのに貢献した。この柱さえ守れば、非日常レベルではかなりの広い幅が許容されたのである。

このような東アジアにおける複数の宗教・思想の並存を、現代に生かせるという見方がある。たとえばシンガポールでは一時儒教教育を試み、これは必ずしも成功しなかった。なぜシンガポールかというと、華僑が経済的実権を握り、しかも多くの宗教が並立しているこの国では、各宗教の共通項を請け負う部分として儒教は利用できると思われたからである。国家内で一つの宗教以外は認めないということは内紛の火種になり、隣接している国家が宗教を異にする場合は戦争のもととなる。多くの宗教の平和的共存ができ、しかも実生活では同一倫理を共有しあうことによって、各信者たちの軋轢も防止できるということは、世界中で求められていることである。もちろん先に自由の問題について述べたように、同一倫理の共有とはいえ、個々人の価値観の差に対する寛容も同時に認められなければならず、そこの関係の調整が問題になる。

Ⅷの関係で、近年盛んに言われるアジア共同体論について言えば、歴史的に「一衣帯水」であったというような言い方がされるが、前近代で東アジアが経験してきたのは共同体ではなく棲み分けであったことにまず注意しなければならない。それは先の「華夷」のところでも見たように、天下観が各国に分与された形であって、筆者はそれを「分与された世界主義」と名づけたことがある（「東アジア共同体」を考えるうえで――思想史の視点から、『ワセダアジアレビュー』三、早稲田大学アジア研究機構、二〇〇八）。近代以後、このような形での安定がくずれ、そのうえでそれぞれの国家を関係づけようとした時に、一国中心の天下観が世界主義に肥大していく傾向が無しとしない。この例としては日本の八紘一宇などを想起するかもしれないが、かかる天下観をもとにする限り、どの国もそのようになる要素を含んでいた。儒教文化圏とか漢字文化圏とか言われるが、各国が全く対等の関係にあり、そのうえで共同体としての関係を持ちあうことには、東アジアは慣れていなかったといってよい。冊封体制による棲み分けは、軍事摩擦を抑える効果を持っていたのは確かであろう。しかし現代のグローバル化された状況にあっては、その棲み分け体制をそのまま共同体に移行できるわけではないのであって、そのことは重い課題である。

これ以外に、安岡正篤氏のような、政治家の「ご意見番」を挙げる向きもあるかもしれない。ただこのような存在の場合、彼らが政治家の意に逆らってでも諫言をしたのかが問われよう。先にも述べたように、程頤にしろ朱熹にしろ、皇帝にはむしろ煙たがれたのである。丸山真男氏は、日本では近代以後、儒教的一君万民を標榜しながらも、諫言という君主に対する批評行為が欠落していくとした（『忠誠と反逆』、筑摩書房、一九九二）。この現象は、先述のような吉川神道における天皇への永遠の臣従という心性を継承しているのか、それとも近代日本の政治体制と精神構造が、儒教のうち自己の体質に合わない部分を捨て去った結果なのかは、当否を含めて検討が必要であるが、諫言が君主に対する一種の批評行為であるのは確かであって、これが無ければ儒教は単なる政権の美化の道具でしかなくなる。

また近年の問題関心から、しばしば儒教のエコロジーが論ぜられる。その際には、「万物一体の仁」や、自然保護を説いた熊沢蕃山の『大和西銘《やまとにしのめい》』などが取り上げられることが多いのであるが、儒教の場合は単なる自然重視ではない。北宋の周敦頤《しゅうとんい》（周濂渓《しゅうれんけい》、一〇一七〜一〇七三）は窓の前の雑草を自分の気持ちと一体だと言って抜かなかった（『程氏外書』三）。一方、弟子が花の間の雑草を抜くことの是非を質問したのに対し、明の王守仁（王陽明）は理に従った自然な好悪をもとに花か草のどちらかを選択すればよいと答えている（『伝習録』上）。草を抜かなければ花が枯れ、花のためには草を刈らなければならないように、自然界の生命は全てが共存しえないのであって、その中で自己が自然に親近感を持つものを選択するのが人情であり、またそうあるべきだと考えるのが儒教である。家族、他人、動物、植物と感情移入ができる順に沿って選択していくことを人間としての「自然」と受け止め、それをさらに宿命として観念するのが儒教のエコロジーであり、この考えは現代でも有効であると筆者は思っている（土田健次郎「儒教的エコロジー（リレーコラム　時感断想）」、『中外日報』二〇〇七年八月二一日）。

おわりに

儒教の過去と現在の様相を述べてきたが、未来に向けて儒教の存在意義を考えるとしたらどのようなことが焦点になるのであろうか。先ほどから近代西欧思想との対比で儒教の反平等主義、反自由主義が問題になってきたということを述べてきたが、この二十一世紀でもその状況は持続している。そこで改めて問題になるのは反平等、反自由の権化のように言われる忠孝思想であるが、東アジアの各地域、各時代で忠孝の具体的内容には差があり、そのような忠孝思想の包容力とでも言うべきものが儒教の寿命を延ばしてきた。しかし、現代社会は、その包容力の限界を超えているように見える。現代社会にも家族や、社会的上下関係が厳然として存在しているが、それが儒教が前提としてきた父子関係や君臣関係と異質のものと見なされれば、もう儒教が入り込む余地は無くなるように思われる。しかし平等や自由の具体的内容やその運用が見直されてきている当今では、儒教もまた自己主張をする余地が生じている。先にも触れたように、アメリカにおける自由主義、自由至上主義、共同体主義の拮抗の中では、儒教は共同体主義の枠の中で評価されることがある。

共同体ということで言えば、東アジアの集団主義的性格が一面で儒教を支えてきたのであるが、その性格が現在の東アジアでも残っている。儒教は現実社会の中で機能する使命を本来的に持っているがゆえに、社会組織の変化がその存続に決定的な影響を及ぼす。近代になり旧体制の否定が行われたことは、儒教にとっては大きな打撃であった。余英時氏が言うように、体が滅び、その魂がただよっている状態である。しかし果たして体は本当に滅びたのであろうか。表面上は社会組織が変化しているようであっても、近代以前の遺伝子を相当に継承している可能性は無いのであろうか。もしそうであれば、相変わらず儒教の機能する余地はあるということにもなる。

ただそこに儒教の遺伝子があったとしても、それは「自覚されない儒教」であって、他の要素と混淆しているケースが多い。日本で現在でも孔子や『論語』関係の書物が読まれ続けているというのも、その遺伝子の作用からかもしれない。日本にとっては『論語』という書物の存在は大きく、そこから引き出される孔子像は、時には過誤もありうる生身の生活者の延長の偉大な存在という身近なものであって、中国の伝統的孔子像があくまでも完全無欠性にこだわるのとはいささか趣を異にする。かかる孔子像は、伊藤仁斎、荻生徂徠らの中に胚胎し、儒者ではないがゆえに孔子解釈に自由度があった本居宣長の弟子の国学者の鈴木朖《あきら》（一七六四～一八三七）らなどで顕在化した。現代の『論語』本はかかる解釈の延長線上にあるのであって、それが日本における儒教の命脈をつなげているとも言えよう。

いずれにしても儒教の遺伝子を顕在化させていくことは、東アジアに住む人間にとっては心の地層の発掘作業であり、かくて「自覚化」させた因子を改めて評価しうるのかどうか見定めていくのも、我々のつとめであろう。

現代の中国では儒教見直しの風潮がある。急速な経済的発展によって個人本位の利殖追求に拍車がかかり、その一方で貧富の差から生ずる不満が増大している現状で、社会の調和（中国政府の言う「和諧」）、経済倫理、政治倫理の確立に儒教が貢献しうると考えるのである。また家族の崩壊という問題も深刻であって、家族の意義の見直しにも儒教は資するとする。儒教再評価には政府も積極的であり、世界に敷設された中国語と中国文化の教育・啓蒙機関に「孔子学院」という名称をつけたのにもそれは現れている。また知識人の中でも民族の思想文化の財産として儒教の再評価を図る動きが継続して存在し、一般社会でも儒教をもとにした人生訓、生活訓の類が享受されている。さらに中国の目覚ましい経済発展は、今後西欧的近代化と異なる中国独自の近代化を唱える論者を勇気づけていく兆候が見える。そのような方向の中で儒教の遺産の活用が図られていく可能性は低くはない。

しかし中国では一方で儒教批判も存在している。それには二方向があるように見える。

まず一つは、新中国成立以後基調としてあったもので、儒教を社会主義と真っ向から対立する封建思想の権化と見なし、それを糾弾するものである。この立場は今でも時に顔を出すことがある。

もう一つは、現在の中国が、社会主義体制を標榜しながらも近代以前の中国的体質を引きずっているとして、現状批判の延長で儒教も否定する論調である。いわば「自覚されない儒教」を自覚化させたうえで否定し、その遺伝子を消し去ろうとするという姿勢である。中国政府は認めていないが二〇一〇年にノーベル平和賞を受賞した劉暁波氏は、この立場に立っている（「昨日喪家狗　今日看門狗　透視当下中国的〝孔子熱〟」、初出ウェブ掲載、二〇〇七、日本語訳は丸山哲史・鈴木将久・及川淳子訳『最後の審判を生き延びて』所収、岩波書店、二〇一一）。

また于丹氏の『論語心得』のような日常生活の指針としての『論語』再評価に対し、李零『喪家の狗――『論語』を読む（喪家狗――我読《論語》』（山西人民出版社、二〇〇七）のように『論語』は高度な思想でも深淵な人生訓ではなく、孔子も聖人ではないとする議論も登場し、話題をまいた。李零氏の著書は出土文物まで持ち出す学問的な面を持ちながら辛辣で機智に富む文明批評の要素をあわせ持っていて、書名にもあるように孔子は登用を求めて全国遊説する「喪家の狗（葬式が出たためかまってもらえぬ飼い犬）」（『史記』孔子世家）であったと言う。なお劉暁波氏はさらにそれを受け、孔子がもし登用されれば権力の番犬になっていただろうとし、近現代における最大の孔子批判として新文化運動と文化大革命をあげたうえで、政府指導であった後者を否定し、下からの知識人の盛り上がりでなされた前者を肯定する（前掲の文章）。

李零氏は孔子の教説を平俗としたが、欧米では最も翻訳が多い中国思想の古典は『老子』であって、その「無の哲学」が東洋的哲理とされるのに対し、『論語』に対しては、G・W・F・ヘーゲルをはじめ（『哲学史講義』第一巻）退屈かつ平板なお説教という評価がともすれば見られる。

それは山本七平が『論語』に書かれていることは全て心の琴線に触れるなどと言っていたのとは（『論語の読み方』）一見正反対であるが、論理だけではすまない文化的感性の差についてはもっと立ち入った議論をすべきであろう。ただ大雑把な議論ではあるが、この両者とも『論語』に説かれている価値観が常識化されていったことを認めているのであって、人間の精神的自覚と価値観の覚醒が行われた枢軸時代のうち、中国においてはその中心に孔子があったとするK・ヤスパースの議論（『歴史の起源と目標』）を、中国内外の儒教に好意的な論者が儒教の文明史的意義としてしばしば持ち出すのも、この件と無関係ではなかろう。なおヤスパースのこの議論のさらなる応用として、現在のグローバル社会の新たな枢軸の形成に儒教が貢献するという議論もなされている。杜維明氏などは、儒教について、中国中心時代の第一段階、東アジア拡大時代の第二段階、そしてさらに世界展開時代の第三段階の到来を期待している（前掲の「二十一世紀の儒学」）。

現代東アジアにおける儒教肯定論と否定論の分かれ目は、その議論を行う当人がもともと所有している儒教に対する好悪の念によっていることが多い。それは儒教を背負ってきた歴史を持ち、平淡に儒教に接しきれないこの地域の人間の宿命であろう。この儒教への好悪の念は、家庭環境や幼少期の教育など種々の要素が働いているが、議論が客観的を装っている場合でも、その根底にはこれが潜んでいる場合が少なくない。儒教の言説の幅は広く内容も豊饒であって、本来その中で現代に有益なものが無いはずはない。問題はそれを「儒教」全般の意義ということで一般化し表彰するのか、それとも個々の議論の問題という範囲に止めるのかということであって、前者の態度を取る人の多くは、儒教に対してあらかじめ好意を持っている場合が多いように思われるのである。そこで儒教再評価の土壌を培おうとする場合は、儒教への親近感を根付かせることが第一となり、それには教育の力に如くものは無いということになる。実際に教育によって儒教になじませるということは、儒教の維持には極めて有効であって、中国や台湾政府が近年試みている経書や儒教の教育の中にもそれが見られる。一方で日本などのように教育にそれを載せる状況が無い場合には、儒教の命脈はおぼつかなく見えるが、肯定的であれ否定的であれ特に思い入れを持たぬ世代が登場してくることは、儒教を忘却の淵に沈めていくばかりではなく、逆に今までにない儒教の再評価の可能性を拓くことになるかもしれない。ただその場合も、改めて現在と過去の関係の考察が要請されることになろう。

否定するにしろ肯定するにしろ、儒教は東アジアに住む者にとっては、やはり一つの宿命なのである。その宿命を正確に見定めることは今後ますます必要となろう。

あとがき

本書は、儒教全般にわたる論述を意図している。筆者は長年、大学で「儒教概論」の講義を行ってきたが、なかなかよいテキストを見つけられないでいた。今まで出版された儒教概論の類はそれなりの数はあるのだが、昔の漢学風のものとか、学問的情報量が少なすぎるものとか、著者独自の学説が前面に出過ぎているものとかが多く、なかなかこれはというものには巡り会えなかった。そこで今回の機会に、自分なりの儒教概論を執筆してみようと思い立ったわけである。

儒教概論の執筆が困難なのは、儒教が展開した時代の長さと地域の広さによる。儒教も時代や地域の展開の中では変質しているし、またかなり個性的な思想も多々あるのであって、そのいくつかや特定の時代をもとに儒教概論を書くと、独自の色は出るかもしれないが、「概論」というには違和感を感ずるものができてしまう。そこで本書では、儒教が儒教たる所以としてなるべく安定的に取り出せる要素を軸にして記述した。その結果、本書の記述から漏れた儒家思想は当然出てくることになるが、それは筆者なりに軽重の取捨した結果である。また儒教の全般的傾向を書く場合、一方でそれと背馳する例もしばしば出てくる。しかしそれを恐れていては概論の執筆などは最初から不可能である。例外がいくつかあるにしろ大勢としてそれを圧倒的に上回る例があればそれを記述しないわけにはいかないと筆者は思っている。

本書は、早稲田大学における「儒教概論」の講義メモをもとにした全くの書き下ろしであるが、随所に筆者が今まで書いてきた文章の内容が組み込まれている。それを参考文献として列挙しておいた。

特に『二十一世紀に儒教を問う』は、筆者と杜維明、陳来、楊立華の三氏が共同で行ったセミナーの記録であり、本書に至る道程を示すものの一つであるので、参照していただければ幸いである。

なお、本書の刊行に際しては早稲田大学孔子学院の助成を受けている。また東京大学出版会の山本徹氏と阿部俊一氏からは貴重な御助言を受けた。謹んで謝意を表す。

土田健次郎

二〇一一年九月

参考文献

[単行本]

道学の形成、創文社、二〇〇二

近世儒学研究の方法と課題（編著）、汲古書院、二〇〇六

二十一世紀に儒教を問う（編著）、早稲田大学出版部、二〇一〇

[論文・評論・随筆]

伊藤仁斎の詩経観、『詩経研究』六、詩経学会、一九八一

儒教における気の思想、『東洋医学の人間科学』Ⅲ、早稲田大学人間科学部、一九九四

儒教の聖書批判、小山宙丸編『聖書をめぐる九の冒険』、ネスコ、一九九五

鬼神と「かみ」——儒家神道初探、『斯文』一〇四、斯文会、一九九六

三教図への道——中国近世における心の思想、『シリーズ・東アジア仏教』第五巻「東アジア社会と仏教文化」、春秋社、一九九六

伊藤仁斎と朱子学、『早稲田大学大学院文学研究科紀要』四二‐一、早稲田大学大学院文学研究科、一九九七

仁、義、誠、中庸（儒教のキーワード）、『しにか』一九九七年一二月号、大修館書店

現代社会に儒教は意味を持つか、『平和と宗教』一七、庭野平和財団、一九九八
儒教の欲望観、『平和と宗教』一八、庭野平和財団、一九九九
忠誠心とは何か――儒学に学ぶ（大倉山講演集Ⅷ）、大倉精神文化研究所、二〇〇〇
孔子に学問は必要だったのか、『孔子全書』第三号月報、明徳出版社、二〇〇〇
中国の礼と日本の作法――日本と中国の儒教文化の比較（大倉山講演集Ⅸ）、大倉精神文化研究所、二〇〇一
朱子学における公、『二十一世紀の地球と人類に貢献する東洋思想』、将来世代国際財団、二〇〇一
現代における朱子学の意味、『二十一世紀の地球と人類に貢献する東洋思想』、将来世代国際財団、二〇〇一
朱子学的「公」之観念与現代、『台湾哲学』四、台湾哲学会、二〇〇四
儒教から何を学ぶか、『日本教育』平成一六年八月号（№三二六）、日本教育会、二〇〇四
朱子学の正統論・道統論と日本への展開、吾妻重二・黄俊傑編『国際シンポジウム　東アジア世界と儒教』、東方書店、二〇〇五
「治統」覚書――正統論・道統論との関係から、『東洋の思想と宗教』二三、早稲田大学東洋哲学会、二〇〇六
朱子学と神道、『皇學館大学神道研究所紀要』二二、皇學館大学神道研究所、二〇〇六

東アジアにおける朱子学の機能——普遍性と地域性、早稲田大学アジア地域文化エンハンシング研究センター編『アジア地域文化学の構築——21世紀COEプログラム研究集成』、雄山閣、二〇〇六
儒教における死の思想、吉原浩人編『東洋における死の思想』、春秋社、二〇〇六
『論語』ブーム（リレーコラム　時感断想）、『中外日報』二〇〇七年八月七日、中外日報社
儒教的エコロジー（リレーコラム　時感断想）、『中外日報』二〇〇七年八月二一日、中外日報社
儒教の家族道徳——「孝」を中心に、『平和と宗教』二六、庭野平和財団、二〇〇七
日本における養生思想の歴史、石井康智編『現代に生きる養生学——その歴史・方法・実践の手引き』、コロナ社、二〇〇八
「東アジア共同体」を考えるうえで——思想史の視点から、『ワセダアジアレビュー』三、早稲田大学アジア研究機構、二〇〇八
宋代の思想と文化、『新アジア仏教史』八「中国Ⅲ宋元明清　中国文化としての仏教」、佼成出版社、二〇一〇

［辞典項目］
王道・浩然の気・四端・仁義・性善説・覇道・孟子・良知・良能
『日本大百科全書（グランド・ジャポニカ）』、小学館、一九九〇

朱子学・陳摶・無極・明堂

野口鐵郎・坂出祥伸・福井文雅・山田利明編『道教事典』、平河出版社、一九九四

朱子

『ブリタニカ国際大百科事典』、TBSブリタニカ、一九九五

悪・義・敬・経世済民論・仁・仁義・善・宋学・人情・道器論

広松渉・子安宣邦・三島憲一・宮本久雄・佐々木力・野家啓一・末木文美士編『岩波　哲学・思想辞典』、岩波書店、一九九八

仏教と儒教・仏教と宋学

中村元監修・峰島旭雄責任編集『比較思想事典』、東京書籍、二〇〇〇

理・性・聖人・体用・静坐

溝口雄三・丸山松幸・池田知久編『中国思想文化事典』、東京大学出版会　二〇〇一

仁

石毛忠・今泉淑夫・笠井昌昭・原島正・三橋健代表編集『日本思想史辞典』、山川出版社、二〇〇九

朱子学・陽明学・古学・山崎闇斎・大塩中斎・津田左右吉

石田一良・石毛忠編『日本思想史事典』、東京堂出版、近刊

読書案内

桑原隲蔵『中国の孝道』、講談社学術文庫、講談社、一九七七
（もとは『支那の孝道――殊に法律上より観たる支那の孝道』、『支那学論叢――狩野教授還暦記念』、弘文堂書房、一九二八）

儒教の中心に位置する孝について、中国法制史との関係から記述した名著として知られている。中国における孝の圧倒的な権威がよくわかる。

津田左右吉『儒教の実践道徳』、『津田左右吉全集』一八、岩波書店、一九六五
（もとは岩波全書、岩波書店、一九三八）

儒教の実践道徳の代表である忠と孝について、全面的検討を加えている。一般の儒教解説書には無い鋭い指摘が随所にあり、儒教を冷静に考える際の必読書である。

小島祐馬『古代中国研究』、東洋文庫、平凡社、一九八八
（もとは『古代支那研究』、弘文堂書房、一九四三）

特に儒教の社会思想や祭祀についての概説部分が、儒教についての基本的知識を得るうえで有益である。

吉川幸次郎『支那人の古典とその生活』、『吉川幸次郎全集』二、筑摩書房、一九六八（もとは岩波書店、一九四四）

中国において儒教の経書の果たしていた重要な役割を知るのによい。

宇野精一『儒教思想』、講談社学術文庫、講談社、一九八四（『儒教概説』を修訂、日月社、一九四七）

戦後の著作であるが、伝統的な漢学の香りがする儒教概論である。バランスがとれていて、昔の儒教に対する基礎教養がどのようなものであったかを知るのにもよい。

戸川芳郎・蜂屋邦夫・溝口雄三『儒教史』、世界宗教史叢書一〇、山川出版社、一九八七

中国儒教史のみで他地域は含まれていない。三人の著者の研究成果が盛り込まれていてそれぞれの執筆部分に個性がある。特に溝口氏が担当した宋以後は、儒教史を社会史との関連から捉えなおそうとした意欲的なものである。

加地伸行『儒教とは何か』、中公新書、中央公論社、一九九〇
儒教を宗教であるとする立場から儒教の見直しを図った書である。論述が明快で、新たな儒教像を提示したとして話題になった。

渡辺浩『近世日本社会と宋学　増補新装版』、東京大学出版会、二〇一〇
日本において儒教がいかに変容したかが豊富な例で解き明かされている。日本儒教の性格を考える時の必読書である。

古田博司『東アジアの思想風景』、岩波書店、一九九八
朝鮮史研究者による刺激的な内容の書物で、朝鮮儒教の特色や日本儒教の異質性の指摘は、儒教文化圏という括り方に対する問題提起になっている。

土田健次郎編『二十一世紀に儒教を問う』、早稲田大学出版部、二〇一〇
特に第二章「二十一世紀の儒教」は、長年欧米やアジアで儒教の現代的意義を説いてきたハーバード大学名誉教授の杜維明氏による、よくまとまった現代儒教論である。現代における儒教肯定論の論法がよくわかる。

索　引

さ 行

た 行

な 行

は　行

ま　行

や　行

ら　行

わ　行

著者略歴
1949 年　東京生まれ
早稲田大学第一文学部卒業、同大学院文学研究科博士課程単位取得退学、博士（文学）
現在、早稲田大学名誉教授

主要著書
『道学の形成』（2002 年、創文社）
『聖教要録・配所残筆』（2001 年、講談社）
『近世儒学研究の方法と課題』（編著、2006 年、汲古書院）
『21 世紀に儒教を問う』（編著、2010 年、早稲田大学出版部）

儒教入門

2011 年 12 月 19 日　初　版
2023 年 5 月 10 日　第 6 刷

［検印廃止］

著　者　土田健次郎《つちだけんじろう》

発行所　一般財団法人　東京大学出版会
代 表 者　吉見俊哉
153-0041 東京都目黒区駒場 4-5-29
https://www.utp.or.jp/
電話　03-6407-1069　Fax　03-6407-1991
振替　00160-6-59964

印刷所　株式会社暁印刷
製本所　牧製本印刷株式会社

ISBN 978-4-13-013150-6　Printed in Japan